ユニ・チャーム、HIS、ハウステンボスで学んだ
経営の原理原則

納得できない
仕事はするな!

坂口克彦

PHP

はじめに　「納得して仕事をする幸せ」について

なぜ、この本を書きたいと思ったのかを、最初にお話ししたいと思います。

「僕と一緒に仕事をする人はみんな幸せになる」

こう言うと、「よくそんなことを言えますね?」と驚かれることがあります。

しかし、現代でも「会社から給与をもらっているのだから、会社の言うことを聞きなさい」「上司の指示には従いなさい」といった価値観が根強いことに、私は大きな違和感を覚えています。

そこで、私なりの考えを世に問いたいと、この本を書く決意をしました。

これまで、多くの場面で「なぜ、その仕事をやっているのですか?」と尋ねると、返ってくるのは決まって「会社の方針だから」「前からやっていることだから」「社長がやれと言ったから」「本部長の指示だから」といった答えでした。しかし、それは答えになっていません。私は「では、社長に『死ね』と言われたら死ぬんですか」と皮肉めいた質問を返したこともあります。本当に聞きたかったのは、「なぜ、その方針が生まれたのか」「なぜ、そのルールが必要なのか」「なぜ、上司がやれと言ったのか」といった根本的な理由です。

私は子どもの頃から「素直じゃない」とよく言われました。「親の言うことを聞きなさい」「先生の言うことを聞きなさい」と言われても、「なぜ？」と問い続ける。周囲からは聞き分けのない子どもだと思われていたようです。

しかし、「なぜやるのか」を理解し、納得して行動することと、腑に落ちないまま従うことでは、結果に大きな違いが生まれます。納得して行動する人は全力を尽くし、失敗しても反省し、そこから学びます。だからこそ、「失敗は成功の母」となるのです。

一方で、なぜやっているのか腑に落ちていない仕事は一生懸命やらないし、努力を惜しんで、問題が起きてしまうと諦めも早い。そして反省をしたり、失敗から学んだりすることもありません。

一度きりの人生の貴重な時間を費やして働くのです。組織を率いるリーダーは、部下に「失敗は成功の母」になるような働き方をしてもらったり、そうなる環境や機会を提供したりするべきではないでしょうか？

そこでこの本では、主に次の二つの命題をひもといていきたいと思います。

納得して仕事をすると、なぜ幸せになれるのか？
どうすれば納得して働けるようになるのか？

これまで私が体験した事例から、右記についての気づきをエピソード形式で紹介しています。得た学びのご紹介を重視して、時系列に囚われず記述しておりますが、私はメディアに出ることもなく、ご存じの方も少ないと思います。私が何者か、自己紹介までに次頁に略年表をつけさせていただきました。

さて、私は50歳で台湾に赴任した際、初めての所信表明で「納得できない仕事はするな」と宣言しました。すると、現地のマネジャーたちはすぐに駆け寄り、「そんなことを言われたら部下が言うことを聞かなくなる」と、案の定の反応を見せました。

それでも私は「納得」を信じて行動しました。

なぜ「納得できない仕事はするな」と言い切ることができたのか？

なぜ「納得して働く」ことで幸せになれたのか？

これまでの経験を通じて、それをお伝えしていきたいと思います。

坂口克彦

筆者のこれまでの歩み

▼1955年4月30日
富山県高岡市に生まれる

▼1974年3月（18歳）
富山県立高岡高等学校卒業

▼1979年4月（23歳）
新潟大学工学部卒業後、ユニ・チャーム株式会社に入社。営業部門に配属される

▼1983年3月（27歳）
同社営業企画担当として、商品プロモーションや販売促進戦略を担当。現場の知恵を引き出し、組織は下から燃えるものと会得

▼1987年3月（31歳）
人事係長として、人事もマーケティングとの教えに共感し、人事のお客さまは社員と考えるようになる

▼1991年4月（35歳）
人事課長に就任。企業内研修プログラム「ビジネスカレッジ」を立ち上げ、国内外の人材育成を推進

▼1995年4月（39歳）
人事グループ部長に就任

▼1998年4月（42歳）
C&F（クリーン&フレッシュ）事業本部長に就任。食品用トレイマット事業を再

建。「鮮度を保つ」コンセプトを打ち出し、収益を大幅改善。この時期、現在も「恩師」と慕う平田雅彦氏から「納得感」を重視した仕事姿勢を学ぶ

▼1999年6月（44歳）
執行役員代行に就任
翌年に執行役員に就任

▼2006年1月（50歳）
ユニ・チャーム台湾 副社長（嬌聯股份有限公司 副総経理）に就任。競合他社との競争が激しい市場で、「モノの良さ」「スピード」「情報量」の3軸で戦略を実践。離職率を大幅に改善

▼2012年6月（57歳）
取締役常務執行役員に就任。企画本部長兼グローバル人事総務本部長を務める

▼2014年11月（59歳）
取締役常務執行役員を退任

▼2014年12月（59歳）
株式会社エイチ・アイ・エスに入社し、人事戦略を担当

▼2016年1月（60歳）
同社取締役に就任。現場の声を吸い上げる仕組みを構築し、組織文化の透明性を向上

▼2019年5月（64歳）
取締役常務執行役員と兼務し、ハウステンボス株式会社 代表取締役社長に就任。ハウステンボスの経営において「組織経営」を掲げ、中期経営計画を再構築。光のファン

タジアシティなどのアトラクション再設計施策を推進

▼２０２０年１月（64歳）
株式会社エイチ・アイ・エスを退任し、ハウステンボス専任となる

▼２０２３年10月（68歳）
ハウステンボス株式会社　会長執行役員に就任

▼２０２４年５月（69歳）
長崎県公立大学法人　理事長に就任。教育現場でのマネジメント改革に着手

▼２０２４年９月（69歳）
ハウステンボス株式会社　会長執行役員を退任

納得できない仕事はするな！　目次

第二章 「主体的」に考え抜こう

第三章　すべては「お客さま」のために

第四章　「納得」こそが組織を変える

第五章

「リーダーの使命」は人と組織が育つ風土を作ること

第六章 「納得」は国境を越える

第七章 「幸せな人生」の先生

第一章

「なぜ?」を「納得」に

「なぜ？」を追求して、ここまで来た

ユニ・チャーム 企画本部長・同社台湾 副社長の頃

物事の本質を追求するために必要なもの。それは「なぜ？」と問い続ける姿勢です。この問いを持ち続けることこそが成果を生む原動力である、と私は確信しています。

私がユニ・チャームの経営企画に携わった際も常々「会社は何のために存在するのか？」という問いを繰り返し考えていました。

ユニ・チャームが中期経営計画を打ち出す準備をしていたときに、時価総額1兆円という目標が検討されました。もちろん、この目標は経営戦略上の重要な指標ですが、私は社員にとって1兆円という数字は一体「どんな価値があるのか？」と同僚たち、そして自分自身にも問いかけました。その先に見えたのが、「世界シェア10％」

を目指すというビジョンでした。そして2005年に「グローバル10プロジェクト」が4カ月の取り組みを終えて最終答申されました。

この数字には明確な意義があります。それは、世界中でユニ・チャームの製品が愛され、信頼されることを示すものでした。この目標により、社員一人ひとりがその意義を理解し、自分の仕事に誇りを持てる環境を作り上げることができました。

台湾での工場運営においても、現場に立つたびに「なぜ？」と問いかけ続けました。

なぜ、クレームが発生するのか。なぜ、製品の品質が安定しないのか。

この問いを追求し、社員とともに徹底的な改善を行うことで、成果を得ることができました。

私がエイチ・アイ・エスで働いていたとき、ある方針発表会で、関東の営業本部長がユニークな問いかけをしました。

「この中で、空気を吸うために生きている人はいますか？」と。

その場の誰もが、当然手を挙げません。「そうですよね」と彼は続けます。

「空気は必要不可欠ですが、それ自体が目的ではない。同じように、会社の目的が

『利益を出すこと』ではないことを理解してほしい」

この言葉には大きなインパクトがありました。

「なぜ？」という問いが、問題解決の鍵となったのです。

「なぜ？」と問い続ける姿勢は、本質を見極めるための重要なプロセスです。この問いを繰り返すことで、人は理屈ではなく、価値を「感じて動く」ようになります。

相田みつをの詩『感動』には「感動とは感じて動くと書くんだなあ」とあり、解説には、理動という言葉はなく、理屈だけでは人の心は動きませんとあります。つまり価値や意味を実感することで初めて、人は真に行動に移るのです。

私は今後も「なぜ？」と問い続け、目の前の課題に向き合っていきます。この姿勢が、自身の成長を促し、そして周囲を巻き込む力になると信じているからです。

小売店のオープン手伝いは何のために

ユニ・チャーム 営業本部東京支店の頃

私がユニ・チャームに入社した頃は、日本各地でスーパーマーケットや量販店が次々とオープンする時代でした。

イトーヨーカドー、西友、ジャスコなどの大手だけでなく、地域密着型のローカルチェーンも活況を呈していました。東京支店に配属された私は、北区や板橋区、埼玉県南部のエリアを担当し、毎週のようにオープン手伝いに駆り出されていました。

当時のオープン手伝いは、地道な作業の連続でした。ティッシュペーパーやトイレットペーパーを袋詰めし、商品を陳列し、店頭で販売するという内容で、不遜でしたが、大学まで進んでメーカーの営業職に就いたはずなのに「なぜこんな単純作業を？」と疑問に思う日々でした。しかし、上司に言われては行かざるを得ません。「これが営業の仕事なのか」と苛立つ反面、何か自分なりに意義を見いだせないかと考えるようになりました。

ある日のオープン準備でのことでした。私は店長やバイヤーの方が来るよりずっと早い時間に現場に入り、開店準備を始めていました。朝一番の挨拶を元気よく交わし、「ユニ・チャームです！」と名乗りながら作業を進めると、自然と会話が生まれ、「ユニ・チャームの社員、いいね」と言われたことが心に残りました。この一言が、「自分の行動次第で、周囲にポジティブな印象を持ってもらえる」という意識を持つきっかけとなったのです。それ以来、ただ作業をこなすのではなく、どんな価値を提供できるかを模索するようになりました。

例えば、ルーティンの業務の合間には競合店の価格調査を行いました。新店のオープンチラシに対抗するため、競合店舗では店頭チラシで特売品の価格を出しています。その内容をチェックして、逐次報告するようになります。「○○店では対抗して□□の価格がいくらで、△△店ではこうした目玉商品を打ち出していました」といった具体的な事例やデータをまとめて、店長やバイヤーの方に伝えると、「そんなことまでしてくれたのか」と驚かれることもありました。

また、店頭で商品を販売する際には、訪れるお客さまに「普段どちらのお店でお買い物されていますか?」と尋ね、回答を集計して報告しました。例えば、「いつもはA店を利用される方が50%、B店が30%、C店が10%」など、シンプルながら具体的なデータを提供すると、店舗運営の参考として受け入れられました。

このように、目の前の作業を「自分で意義づける」ことで、私自身のモチベーションも高まり、結果として小売店側からの評価にもつながりました。

オープン手伝いのような仕事は一見、地味で意義の見えづらい仕事です。しかし、ただの労働として終わらせるのではなく、「店舗にとっての利益」や「自分の営業活動の布石」といった視点を持つことで、価値を生み出す機会に変わるのだと実感しました。この経験は、仕事に対する私の考え方を大きく変えるきっかけとなりました。

やがて私は、こうした姿勢が「納得」を得るための重要な手段であると気づくようになりました。自分が納得して行動することで、結果として小売店やバイヤーの方々にも納得してもらえるような関係性を築くことができます。

同行販売の意義

ユニ・チャーム 営業本部東京支店の頃

ユニ・チャームに入社して間もない頃、私は問屋のセールスマンの方とともに小売店を回る「同行販売」を経験しました。これは新人社員を含む若手の営業にとって通過儀礼のようなものでした。当時の同行販売の主な目的は、既存の商品を条件付きで販売し、小売店に在庫を積み増ししてもらうことでした。先輩社員たちは「今日、何ケース売ったか」を競い合い、私自身もその流れに乗る形で販売活動を進めていました。しかし、次第にこの方法に疑問を抱くようになりました。小売店に在庫を無理に押し付けることが本当に意味のある仕事なのだろうか、と考え始めたのです。

2年目に入る頃に、私は「新規アイテムの提案」に注力するようになりました。新規アイテムとは、その店舗ではまだ取り扱われていない商品を指します。既存商品の在庫を増やすだけではなく、新規アイテムを提案することで、小売店は新たな客層を生み出し、こちらも業績アップのチャンスを広げることができる。そう考えるようになったのです。

同行販売の際には、新規アイテムの導入を地道に進めました。新しい商品が店頭に並び、少しずつ売れ行きが上がっていく様子を確認したときには、営業の仕事の意義を実感しました。こうした経験を積み重ねる中で、同行販売の本質的な目的を見いだすことができたのです。

2年目以降、私は同行する問屋のセールスマンに対しても、「新規アイテムの提案」に重点を置くことを促すようになりました。

「今日はこの商品の売り方を一緒に検討しましょう」「こういった説明をすると商談がスムーズに進むと思います」と具体的なアドバイスをすることも増えていきました。

当初は「何を生意気な」と反発されることもありましたが、徐々に新規アイテムの重要性を理解してもらえるようになり、問屋のセールスマンの方は自ら積極的に新規アイテムを提案するようになりました。

こうして新規アイテムを提案することで、小売店側にも利益が生まれ、自然と信頼関係が深まっていきました。営業とは単に目先の売上を追求するのではなく、双方の利益につながる未来を創り出す活動だと確信するようになりました。

後年、私が後輩や同僚に指導する立場になった際には、こうした考え方を伝えるように心がけました。「同行販売は、在庫を無理に積み増す場ではない。新規アイテムを通じて、小売店やその先のお客様に新たな価値を届けることが目的だ」と何度も繰り返しました。こうした「私たちの活動は何のためにするのか」を明らかにして、しっかり伝える取り組みを続けていくと、組織全体のお客さまに対する姿勢が少しずつ変わっていくのを感じました。

この経験を通じて私は、メーカーの営業とは、小売店に新たな価値を提供し、その先にあるお客さまの満足度を高めるための仕事だ、と理解しました。お互いの利益を尊重しながら未来を切り開いていく。これこそが営業の本質であり、私が今も信じ続ける仕事観なのです。

カルビーに学んだ「三方よし」

ユニ・チャーム 営業企画部の頃

「メーカーの売上は、出荷数ではなく、実際に店頭でお客さまに選ばれた商品の数で測られるべきだ」

私はずっとその信念を抱いてきました。

そして、28歳の頃にカルビーのビジネススタイルに触れたことで、この考えがさらに補完され、具体的な行動指針としていっそう磨かれることになりました。

カルビーは、「鮮度」を徹底的に追求する会社でした。ポテトチップスのような商品の場合、光による劣化を防ぐため、業界初のアルミ蒸着袋を導入するなど、革新的な取り組みを行っていました。

彼らの哲学は明快です。

「商品の鮮度を守ることがブランドを守ることに直結する」というものです。特に興味深かったのは、営業活動においてもその哲学が徹底されていたことでした。

当時私が見たカルビーでは、営業が評価される基準が一般的なメーカーとは異なっていたと思います。例えば、1店舗に100ケースを山積みにするようなことよりも、10店舗に10ケースずつ配分する方が高く評価されるのです。その理由を担当者はこう説明していました。

「鮮度を保つためには在庫を増やすべきではありません」

鮮度が落ちれば、商品の価値そのものが損なわれてしまいます。そして、営業活動の評価基準として、商品が適切な鮮度で陳列されているか、目立つ場所に配置されているか、そして何店舗に配荷されているかが重視されていました。

この考え方に触れた私は、それまで抱いていた「エンドユーザーの手元に届いて初めて売上と呼べる」という自分の信念が、より実践的なものへと深化したのを感じじました。もちろん、食品と日用品との違いはあります。しかしカルビーの取り組みは、鮮度の維持だけではなく、広告戦略と陳列状況を巧みに結びつける「マッチング」をも重視していました。

例えば、新製品を市場に投入する際、前に納品した既存商品の在庫が過剰に残っていると、新製品が店頭に並ぶまでに時間がかかり、結果的に広告の効果が薄れるという問題が生じます。カルビーではこのリスクを回避するため、広告を打つタイミングと店頭陳列の状態を緻密に調整していました。こうした「マッチング」を徹底することで、新製品が消費者の目に触れる機会を最大化し、効率的な販売を実現していたのです。

この哲学が最も顕著に表れていたのが、カルビーが「決算時の在庫押し込み」を禁じていたことです。当時、他社では決算前に問屋や小売店へ大量の在庫を押し付け、売上を作る手法が横行していました。中には、小売店に押し付ける際に、「決算を跨いだら、返品してもらってもいいですから」と言う営業マンもいました。しかし、これを否定し、「数字が未達なら未達で構わない、それが実態なのだから。そこから未達成の要因を正しく把握して次に活かせばよい」といった姿勢をそこに見ることができたのです。この姿勢に、私は深い感銘を受けました。

カルビーの担当者から聞いた事例には、在庫管理を徹底することで得られる具体的なメリットが示されていました。例えば、クレームが発生した場合でも、店頭在庫が少なければその損失も最小限に抑えられます。また、在庫が適正に管理されていることで、新製品が迅速に店頭に並び、広告の効果を十分に発揮できるのです。これにより、メーカー・小売店・消費者の三者が利益を享受できる、まさに「三方よし」の関係が生まれていました。

この話に触発された私は、台湾に赴任した際、こうした経験から得た自らの信念をさらに具体的な行動として展開することにします。

小売店の無用な在庫を減らし、店頭で顧客が購入した瞬間を本当の売上として捉える活動を進めました。また、チラシやPOPも含めた広告のタイミングを調整し、小売店の陳列状況と連動させる「マッチング」も徹底しました。これらの取り組みはきめ細かな連携も必要になってくるため、取引先となる小売店や問屋の理解を得るまで少し時間を要しましたが、着実に成果を上げていきました。

カルビーが教えてくれたのは、目の前の短期的な数字に囚われず、長期的なプランド価値の向上を目指す姿勢です。

私の信念を補完し、行動指針へと昇華させてくれたのが、カルビーの実践から学んだ「陳列の鮮度」と「広告戦略とのマッチング」でした。この経験を通じて、私は理念に基づいた行動こそが顧客の信頼を得る鍵であると確信しました。

説得力の大切さに気づいた最初の出来事

ユニ・チャーム 営業企画部の頃

仕事における真の成長の機会は、ときに厳しい指摘からもたらされます。私にとってそれは、ユニ・チャームでの井上英樹営業企画部長との出会いでした。井上さんから受けた二度のダメ出しは、私の仕事観とリーダーシップ観を根本から変える出来事でした。井上さんが38歳、私は28歳のときでした。

最初のダメ出しは、営業企画部で東京支店の営業推進担当をしていた頃に、ある企画が成功し、社長賞の候補に挙がったときのことです。社長から「君を社長賞に推薦しておいた」と告げられた私は、井上さんに報告しました。

すると「お前、社長賞がほしいのか？」と問いかけてきました。「もらえるならいただきます」と答えると、即座に「情けないやつだ」と一喝されました。

「支店の成果はお前じゃない、現場が頑張った結果だ。お前は黒子でいなければならない。お前が目立ってどうするんだ」。さらに、「社長賞を辞退するか、この仕事をやめるか、どちらかを選べ」とまで言われました。

その一言は厳しいものでしたが、同時に「リーダーとは、己の役割とは何か」を考えさせられるものでした。

さらに重ねられた言葉が胸に響きました。

「お前の仕事は、現場の営業力を底上げし、チーム全体を支えることだ。成果は現場が出すもので、お前が表に立つものではない。お前が社長賞を取ることで、現場はお前が自分の評価を上げるために仕事をしている人間と思ってしまう。せっかくモチベーションが高まる組織になったのに、水を差すことになる」

私はその言葉に納得し、社長賞を辞退しました。

リーダーとは、自らの評価を追い求めるのではなく、組織全体がよくなることを追求すべきだということを学んだのです。

2度目のダメ出しは、営業企画部時代に提出した企画書をめぐるものでした。当時の私は直感型の人間でしたが、それなりの成果も上げていました。

しかし、あるプロジェクトに際して、井上さんに提出した企画書は7回も突き返され、中にはくしゃくしゃにされたものもありました。

「これには戦略のにおいがしない」

「筋が通っていない」

言われるたびに、何が間違っているのかを必死に考えました。当時はパソコンも普及しておらず、方眼紙に手書きしては修正する日々。提出と修正を繰り返しながら、私の中で企画の目的やロジックが次第に明確になっていきました。

理詰めで何度もやり直していくと、8回目の提出時には、最初に出したものとほぼ同じ内容に戻っていました。

「これでいい」と井上さんが言ったとき、私は思わずふてくされたように「最初に出したものと同じですよ」と言いました。すると井上さんは、「そんなことはわかっている」と答えたので、一瞬ムッとしました。しかし、続けて言いました。

「最初のお前の企画はとても良かったんだ。しかし直感で書いたものだから、その理由を説明できなかっただろう。だから何度も突き返して考えさせた。その結果、今ならなぜこれが良いのかを説明できるだろう」

私は怒りが消えて感動さえ覚えました。

この経験を通じて、「直感に頼るな。理由をロジカルに説明し、人を説得できる企画を作れ」という教訓を得ました。

これら二度のダメ出しを通じて、私は「リーダーのあるべき姿」と「直感とロジカルシンキングの融合」という二つの重要な教訓を得ました。

この経験は今でも私の行動原則に不可欠なものとなっています。

40本入りタンポンの販売をすすめた信念

ユニ・チャーム 営業本部東京支店の頃

営業の現場では、「本当に得意先のためになる提案をしているのか」を問われる場面が何度もあります。

私がその重要性に初めて気づいたのは、ユニ・チャームで営業をしていた2年目のことでした。地方の二次卸と呼ばれる小規模な卸売商との商談を通じての学びです。

当時、私は日用雑貨を扱う二次卸10社を担当していました。この10社は、大もととなる大規模卸売商から商品を仕入れ、さらに地域の小規模の小売店に商品を供給する役割を担っています。小規模であるがゆえに、取り扱う商品数には限りがあり、売れている商品しか扱えないという特徴があります。

そんな中で新たに発売されたのが「チャームソフトタンポン40本入り」でした。それまで市場に流通するのは「チャームソフトタンポン10本入り」のみでしたが、メーカーとしては10本入りを超えて、消費者の日常使用を促進するため、40本入りを導入しようとしていました。私はこの商品を担当エリアの二次卸店に売り込みましたが、10件訪問したすべての卸店で断られました。「10本入りで十分だ」「40本入りなんて売れない」というのが、問屋からの共通した反応でした。

断られるたびに、私は「確かにこれは小規模な二次卸の小売店では売れない商品だ」と心の中で諦めていました。

しかし、その日の夜、寮に帰って、会社の先輩で当時社員寮の寮長も務めていた岡部高明さんから強く叱責を受けます。「お前がその商品を信じていないのだから売れるはずがない」と言われたのです。

「何のために40本入りを発売したのか考えたのか？　それは得意先のためか、消費者のためか、自分たちのためか。お前自身が理解、納得していないからだ」と言われ、私は愕然としました。

岡部さんは私よりもわずか2歳上でありながら、40歳で取締役、42歳で常務になった人物でした。彼はユニ・チャームのオーナー家の親族でありませんでしたが、その才能とリーダーシップが評価され、異例のスピードで出世を果たしていくのです。

その岡部さんからさらに「お前の姿勢が得意先の成長の芽を摘んでいる」と厳しく指摘され、私自身の甘えを打ち砕きました。

タンポンという商品について知識不足だったわけではありませんでした。もともと日本では欧米に比べて使用率が圧倒的に低いのです。当時、欧米では生理用品の40%以上がタンポンであるのに対し、日本では10%程度にすぎませんでした。これは文化的背景や抵抗感、知識不足が大きな要因でした。しかし、消費者にとっても、そして環境面や流通面でも明確なメリットがありました。生理期間を短縮し（平均で2日程度）、ゴミを減らし、物流効率を高めるという利点です。これらのメリットを、私は頭では理解していても、小規模の店に本当に必要なのか？　と心の底まで腑に落ちていなかったのです。

その夜、私は「チャームソフトタンポン40本入り」の資料を再度読み込みました。この商品の消費者にとっての価値、特に「10本入りとの違い」についてさらに深く理解しました。10本入りは特別なシーン（例えばプールや旅行）の使用が想定されていますが、40本入りは日常使いに適した商品です。そのため、消費者の生活スタイルを変えるポテンシャルがあると考えられました。さらに、物流効率が向上することで、問屋や小売店にとっても利益をもたらす商品でした。「必ずタンポン市場の拡大が、消費者にとっても、小売店にとっても、卸店にとっても意義のあることになる」と確信し、小さな小売店用に、10本入り12個、40本入り3個の小口セットにした、二次卸用のオリジナル配荷企画を考え、企画書ができ上がった頃には外が明るくなり始めていました。

少しの仮眠をして、普段は2週間に1回しか訪問しないのに、私は再び前日訪問した二次卸店を訪れました。卸店の社長に「昨日来たのに、なんで？」と訝《いぶか》しがられながら、「今日は、お詫びしに来ました」と告げました。

「えっ、なんか悪いことしたの？」と驚く社長に、「昨日は御社の成長の芽を摘んでしまいました」と謝罪しました。「寮長にこっぴどく叱られました。『お前が売れないと思って商談するから、断られるんだ。それは成長の可能性の芽を摘んでいるのと同じだ！』と」。そして、40本入りが持つ価値を改めて説明しました。

「40本入りの商品は、得意先が取り扱う商品に新たなポジションを生み出します。10本入りでは特別なシーンでしか使われない商品が、40本入りでは日常使いの商品に変わります。その結果、消費者の購入頻度が増え、売上が伸びる可能性があります」

そのように具体的なデータも交えて話しました。

そして10本入りと40本入りのセット販売による販促プランを提案しました。さらに「同行販売を行い、小売店に直接商品を説明します」と訴えた結果、先方の社長は商品価値を理解し、注文を出してくれました。それだけではありません。その日訪問したすべての二次卸店から注文を獲得することができました。

寮に帰って岡部さんに報告すると、「そうか」とだけ短い返事がありましたが、その表情には明らかに満足感がありました。

この経験を通じて学んだのは、「営業における商品の価値は、営業担当者自身がそれを深く理解し、確信を持たなければ得意先に伝わらない」ということです。また、得意先の成長にどのように寄与できるのかを考え抜く姿勢が、商談を成功させる鍵であることも学びました。

その後、営業企画の担当になったときに、以前担当していた小売業の商品部長に尋ねたことがあります。

「部長は各メーカーからたくさんの新製品の売り込みを受けると思いますが、売り場が限られており、すべての商品を受け入れるわけにはいかないと思います。たくさんの市場がある中で、どうやって、判断するんですか？」

すると部長は「そんなのは簡単だ。営業の方がその市場をよく知っているし、売れるかどうかもよくわかっている。商談のときに、その営業の本気度を見るんだよ！」と言われました。

理屈で説明するだけではなく、消費者にとっても、小売業にとっても、価値ある商品であるという確信が商品部長には伝わるんだということを学びました。商品が売れるか売れないかは、社内の営業の納得感で決まる。インナーマーケティングが重要である、と学びました。

自分と一緒に働く人を幸せにしなければならない

ユニ・チャーム C&F事業本部長の頃

「財を遺すは下、事業を遺すは中、人を遺すは上なり」

後藤新平が残したこの言葉にあるように、真に偉大な経営者とは、人〝財〟を育て、価値を次代につなぐ存在です。私にとって、その象徴的な人物が平田雅彦さんでした。平田さんは松下電器産業（現・パナソニック）の副社長を務められたのち、ユニ・チャームで社外監査役を務められました。平田さんとの出会いは、私の経営者としての考え方を根底から変え、すべての仕事に「納得」を求める姿勢を育むきっかけとなりました。

1999年の取締役会がその始まりでした。その日の取締役会の空気は緊張感に包まれていました。営業本部長が、専務や常務から目標未達の理由を厳しく詰問されている状況でした。専務や常務の声が次第に苛立ちを帯びる中、平田さんが静かに手を挙げました。

「少し発言してもよろしいですか。専務や常務の皆さん、なぜ達成しないのかを問い詰めるのではなく、課題をどう解決するか、こうしたらいいのではないか、とアドバイスをするのが役目ではないでしょうか。『この項目が未達成だ』『ここの数字がいっていない』と言うだけなら、今日初めて来た私でも言えますよ」

こう言い切られたとき、会議室にいた全員の表情が凍りつき、次に深くうなずきま

「松下幸之助さんの“最後の弟子”」平田雅彦さん

した。平田さんの言葉は、責任を持つ立場にある者の「あるべき姿」を的確に示されたものだったのです。この出来事をきっかけに、私は平田さんの指導を受けるようになりました。

そして平田さんはよく、「自分と一緒に働く人を幸せにしなければいけない」と話されていました。その哲学に基づいて、平田さんはどんな些細な場面でも、部下の力を引き出すために全力を尽くされました。

「叱るのではなく、導く」

平田さんの言葉を借りれば、それこそが本当の指導者の務めです。平田さんが教えてくださったのは、ただ指示を与えるのではなく、部下が自ら考え、行動し、結果を出せる環境を整えることの重要性でした。例えば、営業チームが成果を出したとき、平田さんは必ずその過程を振り返り、何が成功の要因だったかを共に分析されていました。その姿勢に触れるたび、私自身も「納得できる仕事」とは何かを問い直すようになりました。

平田さんは、松下電器産業でのご経験を通じ、「社員が幸せであること」を経営の中核に据える重要性を常に説いておられました。これは、創業者・松下幸之助さんのものの見方・考え方に基づくもので、時代を経ても変わらない企業文化の基盤として受け継がれています。平田さんのリーダーシップもまた、「人を幸せにする」哲学に基づいており、部下が働く喜びを感じられる環境作りを重んじられるものでした。この哲学が、部下を叱責ではなく導き、問題を解決する力を引き出す平田さんの姿勢に表れていました。

平田さんに教えていただいたことは、リーダーシップとは「結果を求めるだけでなく、結果を出す力を育てること」であるということです。役員が詰問を繰り返していたあの取締役会で、平田さんのような視点がなければ、会議はただのダメ出し会で終わっていたでしょう。

しかし、平田さんの言葉によって、問題の解決策を探る場へと変わっていきました。これらの教えを胸に刻み、私はいつも「この仕事が本当に自分や周囲にとって納得のいくものか」を問い続けています。

それは本当にやるべきビジネスか

ユニ・チャーム C&F事業本部長の頃

一見、魅力的に見える事業やプロジェクトが、実際には組織にとって大きな負担となることがあります。そうしたことは「落下傘方式」と呼ばれる事業にまま見られるものだと思います。落下傘方式とは、世間的に流行しているから、あるいは他社で成功しているからといった理由で、自社の強みや専門性、シナジーの見通しを考慮せず行う事業を指します。

こうした事業は短期的な注目を集めることはあっても、長期的な成果を生み出すことは困難です。一方で、やるべき事業とは何か——これを判断する鍵は、自社が持つ独自の技術や資源を最大限に活用し、競争優位性を築くことにあると考えています。
ユニ・チャームでの私の経験を通じて、「やるべき事業」と「落下傘方式」の違いを見極める重要性を痛感しました。以下に、具体的な二つのエピソードを通して、どのようにこの違いを見定め、組織の成長に結びつけたかをお話しします。

私がC&F（クリーン&フレッシュ）事業本部を任されたとき、その部署は「ユニ・チャームにおける傍流部署」と見なされていました。当時世間では日用品の中で活況だった芳香剤や掃除用品といった製品を扱うこの事業本部は、長らく赤字を抱え、会社からも大きな期待をかけられていない状態だったのです。

異動辞令が出たときに、私は当時常務に昇進していた先述の岡部さんに、「自分が事業本部長になったら、芳香剤事業はやめますよ！」と言いました。

すると岡部さんは「いいんじゃないか」とあっさり言い、「お前の事業本部は誰も期待していないからな！　何をやっても会社はおかしくならないぞ。だから好きにやれ！」と（揶揄されているのか励まされているのかよくわかりませんが、ともかく）叱咤激励を受けました。当時の売上規模は70億円、社員数はわずか50人ほど。厳しい状況下で、この部署をどう立て直すかが私の最初の大きな課題となりました。

最初に直面したのは芳香剤事業の赤字問題でした。この事業は、当時のユニ・チャームが持つ吸収体技術や不織布加工技術とほとんど関係のない分野でした。既存の技術資源を活用せず、新たな市場でゼロから競争するには、時間も資金も多くかかります。その上、明確なシナジーが見えないまま推進されていたこの事業は、まさに落下傘方式の典型例でした。

このとき私は、主に「アンゾフの成長マトリクス」を用いて事業を整理してみることにしました。ご存じの方も多いと思いますが、成長戦略を「製品」と「市場」の2軸に分け、それをさらに「新規」と「既存」に分けるというフレームワークです。

検討を重ね、芳香剤事業が新市場・新技術の「多大なリスク」を抱えた分野であるとし、総合的に判断して撤退を決断しました。この撤退は、社内外からの批判を招きましたが、岡部さんは支持してくれました。持続可能な競争優位性を築けない事業に固執するよりも、リソースを他の有望なプロジェクトに振り向けるべきだと確信していました。

芳香剤事業撤退後、私はユニ・チャームの技術的強みを活かした事業に注力しました。例えば、生理用品や紙おむつで培った吸収体技術を応用し、飲食店向けのトレイマットのリマーケティングをしました。この製品は、スーパーなどで売っているような精肉や鮮魚などと、トレイの間に敷くマットで、食品中から発生する組織液であるドリップを吸収するものでした。

また、不織布加工技術を応用した掃除用品の方は、家庭用市場において黒字化を実現しました。これらの取り組みは、既存の技術を新たな製品開発に活かすことで、持続可能な成長を叶えた事例です。これまで培った技術を活用した新市場への展開は、まさに「やるべき事業」の典型例と言えるでしょう。

一方、事業の成功に必要なのは、技術や市場分析ばかりではありません。もう一つ重要なのは、社員一人ひとりがその仕事に誇りを持てる環境を整えることです。食品用トレイマット事業を担当した際、最も苦労したのは社員の士気の低さでした。赤字続きの状況に加え、次章で詳しく述べますが、日用品を作る会社で、肉や魚に敷くトレイマットをやることは、メンバーたちにとっては仕事の意義が明確にしづらく曖昧だったのです。社員たちは「何のために働いているのか」がわからず、自分たちの仕事に対して過小評価するような感覚を抱いている状態でした。

これらの経験を通じて学んだのは、やるべき事業の判断基準です。それは、自社の技術や資源とのシナジーを最大化し、お客さまや市場に明確な価値を提供できる事業であるということです。

また、そのプロセスには社員の納得感や誇りを生む取り組みが欠かせません。一方で、落下傘方式のように、無理に外部の期待に応えようとしたり、自社の強みを考慮しない事業は、長期的には組織を疲弊させます。本当にやるべき事業とは、企業の内外に存在するリソースやニーズを深く見極めた上で推進されるべきものなのです。

「それは本当にやるべきビジネスか?」と自問することは、組織にとって不可欠です。この問いに正直に向き合い、ときには困難な決断を下すことで、企業は持続可能な成長を遂げることができます。ユニ・チャームでの経験を通じて、私は「やるべき事業」とは何かを考え抜き、実践し続けることの大切さを学びました。この哲学は、現在でも私のキャリアと仕事観の中心にあります。

病気になってわかった幸福のコツ

ユニ・チャーム マーケティング本部の頃

31歳で肝臓を患ったとき、私は初めて「人に感謝すること」の大切さに気づきました。それまでの私は、自己中心的で、不遜にも、部下も上司も、得意先も、さらには家族さえも「自分のおかげで成り立っている」と考えるような節がある人間でした。自分が中心で、他の人々は自分の成果を支える脇役でしかないと思い込んでいたのです。

しかしB型肝炎を患い、1カ月間の入院と、さらに入院の前後でそれぞれ1カ月間の自宅療養を経験したことで、大きな気づきを得ました。療養中、妻が毎日忙しく家事をこなす姿を目のあたりにしました。朝ごはんを作り、あと片付けをし、掃除、洗濯、昼ごはん、またあと片付けをして、買い物、洗濯物の取り込み、夕ごはん、再びあと片付け、そしてお風呂掃除と、彼女は一日中働いていました。それを見た私は初めて「お前も大変やな」と声をかけましたが、それですら上から目線でした。しかし、妻が「あなたも大変ね」と返してくれた瞬間、私ははっとさせられました。

そのとき気づいたのです。人間は誰もが「自分が一番大変だ」と思いがちで、他者の苦労に目を向けていないのだと。そして初めて、自分以外の人の大変さを理解し、妻への感謝の気持ちが生まれました。それまで「感謝されるのは当然だ」と考えていた私が、初めて他者への感謝の念を抱いた瞬間でした。

この経験を振り返ると、私はウェルビーイング学の第一人者、前野隆司教授が提唱する「幸せの四つの因子」の重要性を痛感します。この理論は、人が幸せを感じるための要素を四つの因子として定義しています。それらは以下の通りです。

1.「やってみよう!」因子

自分で挑戦し、成長しようとする意欲を持つこと。この因子は、自分の人生に目的や意義を見いだす基盤になります。

2.「ありがとう!」因子

感謝の心を持つこと。人間関係や周囲への感謝の気持ちが、精神的な安定や幸福感に直結します。

3.「なんとかなる！」因子

楽観的に物事を考え、困難な状況に直面しても希望を失わない姿勢。この因子はストレスを和らげ、幸福感を保つ助けとなります。

4.「あなたらしく！」因子

自分らしくいられる環境や心の状態を持つこと。他人と比較せず、自分自身を受け入れることが重要です。

この4つの因子の中で、とりわけ私に不足していたのが「ありがとう因子」でした。病気を経験するまでは、感謝する心を持つことができず、他者への思いやりも欠けていました。しかし、療養期間中に妻の働きぶりを見て、彼女に感謝を伝えたことで、初めてお互いが「大変だね」と理解し合えました。この感謝の気持ちが生まれたことで、私の中に「ありがとう因子」が芽生え、幸せの一端を感じられるようになったのです。

職場に復帰した際、私は部下たちにも「3カ月間ありがとう」と伝えました。それまで厳しく接していたため、「まだ熱があるんじゃないですか」「あなたにありがとうなんて言葉があったんですね！」と冗談交りに驚かれるほどでした。しかし、この言葉を伝えたことで、職場の雰囲気は徐々に和やかになり、部下たちとの関係も改善されました。

感謝の気持ちを持つことで、私は他者を素直に認められるようになりました。それまでは自分より優れた人に嫉妬し、競争心を燃やしていましたが、感謝を覚えたあとは、人の優秀さを受け入れられるようになりました。「自分の強みで勝負すればいい。弱みで張り合っても意味がない」と考えるようになり、他者をリスペクトする心が芽生えました。

病気になったことで、私はようやく「感謝の心を持つことが幸せの第一歩である」ことに気づきました。感謝の気持ちは家庭でも職場でも、すべての人間関係をより良いものに変える力を持っています。そしてその結果、自分自身が幸せを感じることができるのです。

ノイローゼになったときに助けてもらった上司

ユニ・チャーム　営業企画部の頃

こんなこともありました。先述のB型肝炎になる前のこと、29歳で結婚したばかりの頃でした。

2月中旬の営業方針発表会の流通販促企画の担当をしていたときです。12月から企画を考え始め、土日もほとんど出勤して、何度も考えますが、なかなかいいアイデアが出てきません。年末年始も出勤して根を詰めて考えてみましたが、納得できるものにはなりません。

1月に入って、発表会まで1カ月を切りましたが、思うように煮詰まらずまだまだという状況。さすがに焦ってきます。

頭をよぎるのは「これまで偉そうにしていたのに、このままいい企画ができなかったらどうしよう。なんて言われるだろう……」。そんなしょうもない弱気の弁。冷汗が出てきます。

ついに夜中に、妻に起こされます。

「今、『ひぃ!!』って悲鳴あげてたよ。大丈夫?」

「なんでもないよ!」と強がりますが、怖い夢を見ていたようです。

そんな1月の最終週の金曜日、課長から「明日からの土日は休め。これは業務命令だ!」と言われました。

「何を言ってるんですか? 発表会まで3週間ですよ!」

しかし課長は「お前、12月から全然休んでないじゃないか。考えすぎて頭がフリーズしてるんだ! 一度ほぐさないと、出るものも出なくなるぞ」と言います。

さすがに私も覚悟を決めました。

家に帰って日付が変わっていましたが、先に床に入っていた妻を起こし、「明日スキーに行こう!」と誘いました。

妻は「えっ?」とビックリしていましたが、なにしろ夫はもうすでに何度も夜中に悲鳴を上げていましたから、すぐに魂胆を理解してくれたようでした。

気分一新、朝一番に家を出て、新潟へスキーに出かけます。

前日の新潟は大雪でしたが、当日は目を見張るような快晴。とっても素晴らしいスキー日和でした。

久しぶりのスキーでしたが、前日降った雪でゲレンデは最高の状態で、一段も二段も上達したと錯覚してしまうくらい、気持ちよく滑ることができました。夕方、旅館に帰って夕食をすませ、こたつで蜜柑を剥きながら久しぶりに妻とテレビなどに見入ってゆっくり過ごしていると、悩んでいた企画のアイデアがいきなり頭の中にあふれてくるではありませんか。すぐに部屋に架けてあったカレンダーの裏に走り書きします。アイデアのあふれるスピードに追いつかなくなりそうで、焦りながらも、なんとか書き留めることができました。

妻に「明日朝イチで帰ろう」と言うと、妻はいやな顔一つせずにうなずいてくれました。（今思うと、なんてわがままなやつなんだと思います……）

翌朝一番で帰って、そのまま会社に出ました。

昨晩のメモを伴ってデスクに掛けるとどうでしょう、あんなに思い悩んでいた企画があっさり1日で書き上がってしまいました。

あのとき課長が「休め！　業務命令だ！」と言ってくれてなかったら、いったいどうなっていたやら。

その後に読んだ本の中に、「考えてもしょうがないことを考えるから、頭が疲れる」と書いてありました。そういえば、企画を考えていてもなかなかよいアイデアが出てこないときに頭をよぎっていたのは「これまで偉そうにしてたのに、このままい企画ができなかったらどうしよう。なんて言われるだろう……」などという憂い事。ほんとにしょうもない！

前述の前野さんも「なんとかなる！」因子で楽観的に物事を考えることの重要性を説かれています。

それからは、できなかったらどうしようとか、何て言われるだろうとかは、全く考えなくなりました。後輩や同僚が悩んでいるときには、「真面目な人間ほどいろいろ考えてしまうだろう」「でも、考えてもしょうがないことは考えない方がいい」と伝えるようにしています。

「坂口さんでもそうなっちゃうときがあるんだったら、少し気が楽になりました」「自分も考えてもしょうがないことばかり、悪い方に悪い方に考えていました。ストレス解消に行ってきます！」などと彼らも言ってくれるようになりました。

肝炎という大病を患ったときに、初めて同僚や妻、そして世の中の病気で苦しむ人々などのいろんな気持ちもわかるようになったのは前述の通りです。ここでご紹介したノイローゼ寸前まで極まった経験も、みんなの苦労が理解できる良い機会になったと改めて思います。

そして、目の前の一人の人間を説得するには、相手の気持ちを理解すること、また十分な信頼関係が必要です。理屈だけでは、説得できません。

このように思い至ることができているのも今から思えば、あのときの大変よい経験があったから。こういうとき、やっぱり自分は幸せ者だと思います。

第二章

「主体的」に考え抜こう

やる気に火をつける

ユニ・チャーム 営業企画部の頃

仕事において最も重要な要素の一つは「やる気」です。

これが欠けると、どれだけ優れた戦略や計画を立てても成果につながりません。問題はいかにチームの仲間に、自発的な「やる気」を見いだしてもらうかです。

ユニ・チャームの営業企画部で東京支店の営業推進を担当していた際、この「やる気」を引き出すために、独自のアプローチで挑んだことがあります。

当時、東京支店は8つの支店中、売上規模では3割以上を占め最大ながら、売上、利益ともに達成率は最下位でした。そして組織全体が「やらされ感」に覆われ、士気はとても低い状況でした。営業推進担当として改革を求められた私は、ただの指示や業務命令では状況を変えられないと判断しました。「どうすればやる気を引き出せるのか」を考える中で、中山正和さんの「NM法」で学んだ、自然の摂理に照らし合わせてみることをやってみました。NM法は類比技法の一種で、すでに世にある類比の例を探し出し、その特徴からアイデアを発想するものです。もともとは製品開発などで用いる技法だったようですが、アイデアの発想法としても優れ、広く使われています。

余談ですが、私は小中学校ではボーイスカウトに入っていましたので、キャンプファイヤーが得意でした。なのでこれと組織が燃えるのを対比してみました。

キャンプファイヤーの木が燃えないのは、なぜだろう？　まず木が湿っているからかもしれない。木が湿っているということは、不満がたまっている状態ではないか？湿った木を乾かすには、太陽にかざしたり、風に当てたりすることが必要で、太陽にかざすとは何だろう？　ビジョンを示すことなのか？　風に当てるとは、情報を提供することなのか？

そして、火が燃え続けるには、空気の通り道を作る井桁《いげた》組みのようにするが、これは役割分担や組織化のことではないか？　種火が必要だが、これは喩えるなら小さな成功事例かもしれない。また火は上から燃えても、下まで燃えない。下から燃やさなければならない。これは若いメンバーが燃えることなのではないか？　灯油をかけても灯油だけ燃えるだけではしょうがない、この灯油とはインセンティブのことではないか？

こうした思案を経て「ヤングプロジェクト」を立ち上げました。20代中心の若い社員を集めて、自分たち若手で企画を考えることにしたのです。「どうすればこの支店が燃えるか、みんなでアイデアを出してみよう」と呼びかけると、普段意見を述べる機会のなかったメンバーが次々に提案し始めました。

中でも注目されたのは、ある若手社員が考えてくれた「ギフトブック企画」でした。それは、販売インセンティブとして通常のような固定景品ではなく、カタログから自由に選べる方式を採用するというものでした。「ゴルフバッグなんて興味ない人もいるし、何がほしいかは人それぞれです」とその若手社員が言ったとき、私は「その通りだ」と思いました。顧客のニーズを重視して、現場により近い者からの意見が出やすくなったのは、職場に新しい活気をもたらしました。

しかし、この企画を進めるには支店長の反対を乗り越えなければなりませんでした。支店長は「そんな企画は無駄だ」と一蹴しましたが、メンバーたちの熱意を見た私は、営業企画部長の井上さんに直接かけ合いました。部長は理解をしてくれ許可を出し、さらに支店長が渋った際には、味方について一緒に説得までしてくれました。その後、この企画は大成功を収め、東京支店は全国1位の成績を手にするきっかけとなりました。

この経験から学んだのは、「やる気に火をつける」にはまず、小さな成功例を作ることが重要だということです。若手社員のアイデアが認められ、その結果が評価されることで、次第に組織全体にやる気が伝播《でんぱ》していきます。さらに、やる気を支える仕組み作り、役割分担、情報共有の重要性も実感しました。

やる気は自然に湧くものではありません。それを引き出し、持続させるためには、具体的な工夫とチームの一体感が必要です。この経験は、私の仕事観の中で今でも大きな指針となっています。

納得感を生むためのプロセス

ユニ・チャーム 営業企画部の頃

リーダーシップは、現場に意思決定を押し付けることではなく、共に考え、行動を引き出す力にこそある、と営業企画部時代、東京支店担当での経験から学びました。その中でも、納得感を生む、現場の意識を変える重要な転機を経験したことについてお話ししたいと思います。

東京支店の改革に取り組む中で、マーケティングの分野で著名な高橋憲行さんから学んだ「コンセンサス・シナリオ・ライティング手法」を活用しました。この手法は、全員が参加し、各自の意見を可視化して対策とスケジュールを共に考え、戦略の方向性を決めていくものです。そうして紙おむつのシェア向上など4つのテーマについて、6カ月間のスケジュールを組むことにしました。

まず初めに、全員に付箋を20枚渡し、それぞれ4つのテーマ別にメンバーを割り振り「半年間で達成したいこと」「必要な施策」を自由に書いてもらいます。記入した付箋は、「社内において」「卸店に対して」「小売店に対して」などを縦軸に、スケジュールを横軸にしたマトリクスに、説明をしながら貼っていきます。営業から支店長まで全員が同じ土俵で意見を出し合うという形式で行います。この手法は普段意見を述べる機会のない若手社員からも斬新なアイデアが出ることに加え、ベテランたちの凝り固まった思い込みも解消されていきました。

若手社員が具体的な提案を出す一方で、リーダー層で現場をよく見ていない者は抽象的な改善案しか出せず、彼らとのギャップが浮き彫りになったのです。こうして集まった意見を分類し、議論を重ねながらシナリオを作成していきました。

この手法で重要なのは、「メンバー自身が提案したと感じられること」です。私自身がやりたい対策があったとしても、それを押し付けるのではなく、「皆さんが考えた中にこんな良いアイデアがありましたね」と形を整えながら進めました。その結果、参加者は「これは自分たちが考えた戦略だ」と感じるようになり、実行へのモチベーションが高まります。

最終的に、完成したシナリオは全員で共有され、発表会を実施しました。発表した若手社員が、「自分たちでここまで考えたのは初めてです」と語ったとき、その場には達成感が満ちていました。この発表会を契機に、東京支店の士気は大きく向上し、半年後には販売目標を大きく上回る成果を上げることができました。

この経験から学んだのは、リーダーシップの本質は「納得感を生むプロセス」にある、ということです。押し付けられた戦略は実行されるかもしれませんが、心からのやる気を引き出すことはできません。一方で、共に考え、納得を得るプロセスを経た戦略は、実行の精度が高まり、より高い成果につながります。

私は、入ったばかりの新入社員でも、人を動かし組織を変える力を持っていると信じています。大事なのは、むしろリーダーこそ、そうしたメンバーの可能性を信じ、力を引き出す苦労を厭わないかだと思います。この経験は、私がリーダーとしてのあり方を考える上で大きな示唆を与えてくれ、今でも心の指針となっています。

社是から「インクのにおいがする」理由
ユニ・チャーム C&F事業本部長の頃

あるとき、ユニ・チャームの社外監査役で松下電器産業の副社長まで務めた名経営者、平田さんが「ユニ・チャームの社是はインクのにおいがする」と評されたことがありました。

ユニ・チャームにおいて平田さんは、「経営指導会」という社内勉強会を通じて、多くの幹部社員に助言を与えました。オーナーである高原慶一朗さんと同じ1931年生まれの平田さんは、経営哲学に通じた人として高原さんから厚い信頼を寄せられていたのです。

私が執行役員となった44歳の頃、平田さんの経営指導会が開始されました。この指導会は毎月1回、執行役員を対象に実施されましたが、参加者は申し込み制で、全員が必ず参加するわけではありませんでした。

私は機会を逃さないよう、毎回率先して参加申し込みを行いました。その理由は平田さんの指導がもたらす示唆の深さにありました。

平田さんとの個別面談では、具体的な事業の進捗《しんちょく》や課題について詳細に報告しました。ある日の会話では、当時やっていた芳香剤事業を整理し、トレイマットの事業に集中していることを説明すると、「なぜその決断に至ったのか」と深く掘り下げられました。私が「自社の技術や顧客ニーズに根ざした選択だからです」と答えると、「それが正しい道だ」と背中を押されました。このようなやり取りが、私の経営判断を支える重要な指針となっていきました。

平田さんから受けた指導の中で、特に印象に残っているのが冒頭の「ユニ・チャームの社是はインクのにおいがする」という言葉です。

これは最初の面談の中で、「経営理念をどのように現場で体現するべきか」というテーマを議論していた際に発せられました。「インクのにおい」という表現には、理念が現場に浸透していない、印刷して壁に貼ってあるだけになっている状態への皮肉が込められていました。

人が綺麗ごとと思うことを本気で実行する

ユニ・チャーム C&F事業本部長の頃

「君は、僕の言うことを綺麗ごとだと思ってないよね」

平田さんにそう声をかけていただいた瞬間を、今でも鮮明に覚えています。ユニ・チャームでトレイマット事業の再構築に成功したあとのことでしたが、その一言は私の胸を深く揺さぶり、働くことの本質を改めて考えさせてくれました。

平田さんに出会った頃、私が所属していたのは第一章で触れた「C&F事業本部」という、家庭や業務用の商品を手がける部署でした。その中でもトレイマット事業は、生理用品や紙おむつなどの衛生用品が中心のユニ・チャームの中では異色で、食品売り場で肉や魚の下に敷かれ、鮮度を保つためのシートを作っていました。主な取引先はスーパーマーケットや食品加工業者で、日本ではシェア・ナンバーワンでしたが、実態は当時の事業は赤字続き。さらに、商品価値が社内で十分に理解されておら

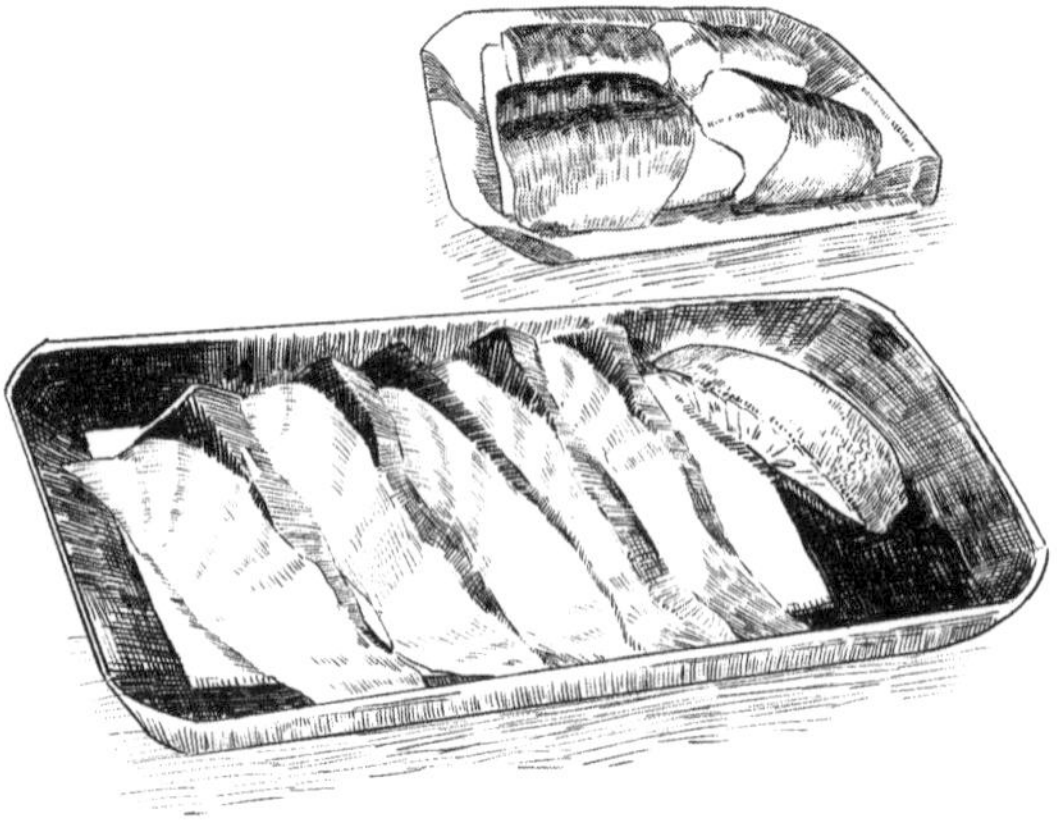

どんな仕事の中にも意義が隠れている

ず、〝花形〟事業でない仕事にメンバーたちも誇りを持てていませんでした。利益も生まず、傍流の部署に対して、多くの人が「なぜこの事業を続ける必要があるのか」と目を背ける状況だったのです。

あるとき社員たちに「トレイマットは何のためにあるの?」と尋ねました。

「リパック（詰め直し）しなくてもいいためのものです。生肉や生魚から出てくる汁が溜まると売れなくなりますから、トレイマットを採用する前はいちいちリパックの作業をしていたんです」と、ある社員は答えます。

私は「それでは、このパールフィルムがついているものは何が違うの?」と続けて問いました。トレイマットの表面には、食品から出たドリップを目立たなくする「パールフィルム」という加工が施されているタイプの製品もあります。社員は製品が持つ機能をそのままに「肉や魚の汁を吸ったことが見えないよう、隠蔽性を高めます」と答えました。

私は答えを予想しつつも「家族や友人に、リパックしなくてよいもの、隠蔽性を売っているって、あんまり言いたくないよねー」と言うと、やはり「仕事ですから」と返ってきました。

そこでまず取り組んだのは「トレイマットの存在意義」を再定義することに。300人規模の消費者調査を実施し、多くの人が「食品の鮮度を保つためのもの」と認識していることを発見しました。この声をもとに、商品のコンセプトを「日本一鮮度を保てるトレイマット」に刷新しました。自分たちが抱いていた「リパック削減」や「隠蔽性」という説明が、いかに視野狭窄的で実際のエンドユーザーからかけ離れていたかが浮き彫りになりました。これにより、社員たち自身もこの事業を「なぜやっているのか」を正しく理解し始めました。

商品のコンセプトを「日本一鮮度を保てるトレイマット」と定めたのちは、言葉を現実のものとするべく、技術面での革新を図りました。生理用品で使用していた吸収体技術を応用し、鮮度保持性能を高める素材を導入。より良い製品開発のためにメンバーが一丸となりました。さらに、生産工程を見直し、これまでトレイの形に合わせて、1200種類のサイズを手作業でカットしていたものを機械化して、さらに1種類に統一することで格段に効率が良くなりました。結果として、原価を30%削減しつつ、販売価格を30%引き上げることに成功しました。これらの取り組みを通じて、社員たちも「自分たちの製品が顧客にどう役立っているのか」を実感するようになり、誇りを持って仕事に取り組む姿勢が生まれました。

ある営業の者は、商談が決まった際に、バイヤーに対して「御社に来られているお客さまに成り代わって、お礼を申し上げます」とまで言うようになりました。「その店のお客さまは、これで鮮度が良いおいしい食事ができるようになって、感謝されるだろうから」というのがその理由だ、と言ってくれました。

トレイマット事業の成功は、社内外に広く認められることになりました。その象徴的な出来事が、営業チームによる「社長賞」の団体受賞です。この受賞をきっかけに、営業チーム内で賞金の活用方法を話し合い、その半分を開発部門や工場のスタッフの慰労会に充てることが決まりました。この決定は、組織全体で努力を称え合う文化を生み出す一歩となりました。さらに工場では、「私たちが作る製品は直接食品に触れるものだから、衛生管理をさらに徹底しよう」というスタッフたちの意識改革が進みました。これにより、工場全体が「3S（整理・整頓・清潔）」の取り組みをよりいっそう徹底し、社内でナンバーワンの工場として評価を受けるに至ったのです。そして営業チームに引き続き、工場部門でも社長賞を取ることにつながりました。

仕事の意義を納得して働く効果をみんなが理解したため、事業理念を作ろうという話が盛り上がりました。営業、営業企画、マーケティング、開発、生産の各部署からメンバーを募って、C&F事業本部が営むフード&キッチン事業の事業理念を合宿して作りました。当時作った事業理念は以下のようなものになります。

〈フード&キッチン事業理念〉　豊かな食文化の実現

〈ミッションステートメント〉

1．我々は鮮度とおいしさと高い安心を提供することによって、豊かな食文化を実

現することを使命とする

2. このミッションを実現するために、我々は、

i 消費者ニーズ及び流通ニーズの的確な把握を通じて差別化された機能性商品を開発する

ii 安全を考慮した商品スペックと高い生産技術を確立し、食の安心を保証する

iii 食品価値を正しく顧客に伝え公平、公正な取引を通じ、流通、小売の信頼を勝ち取る

3. 以上のミッションを達成することで、お客さまに感動をしてもらえる高付加価値商品の開発、提供を通じ、社会に存在意義のある事業を展開し、広く我が国の食文化に貢献する事業になる

しばらくして、平田さんからこんなことを言われました。

「坂口君な。君は僕の話を納得して聞いているよな」

「そうですね」

「何でかわかるか？」

なぜ平田さんが、私が納得した理由について尋ねるのか、質問の意図がわからずに私は戸惑いました。

「僕の話をだいたいの人は綺麗ごとだと思って聞いているんだ。君は綺麗ごとだと思ってないでしょ」

そして「そうですね」と言うとまた「何でかわかるか？」と言われました。

「そんな禅問答みたいなことをおっしゃらずに、何をおっしゃりたいんですか」

「僕の話は原理原則だから、いい話を聞いた、でも世の中そんなにうまくいかない、と思って、みんな話を聞いただけでやらないんだ。でも君は僕の話を信じてくれて、納得してくれて、実践してくれた。そして成果まで出してくれた。だから、僕の話は君にとっては単なる綺麗ごとではなくなったんだ」

そう言われて、とても腑に落ちました。

「君も仕事の理想をよく人に喋るだろう」

「そりゃ名前にまで『口』が付いていますから！」（ここは笑ってください）

「しかしな、君の話もだいたいの人はただの綺麗ごとと受け取っていると思った方がいいよ。

君が僕の綺麗ごとを実践してくれたように、部下には君の話を信じてもらい、納得してもらい、実践してもらって成果が出るまでフォローしてあげなさい。そうすれば君が僕の話を綺麗ごとと思わなかったように、君の話も綺麗ごとと思わなくなるよ。そんな人を一人でも多くしてほしい」

トレイマット事業で学んだ「行動によって信念を証明する力」は、私のその後のキャリアでも一貫した柱となっています。平田さんから受け継いだ「綺麗ごとを現実に変える」という哲学は、仕事の価値を再定義し、周囲とともに成長する道を切り開いてくれるものでした。

綺麗ごとで終わらせない。それを実現するために、納得し、行動し、成果を出す。この姿勢こそが、どんな逆境の中でも私たちを次のステージへと導いてくれるのです。そのときに、自分の職業観が固まりました。

一人でも多く、自分の仕事が、自分にとっても、顧客にとっても、会社にとっても、組織にとっても、価値あるものであると、腑に落ちて納得して実践し、成果を

上げることのできる人を増やしたい
これは47歳での職業観ですが、今も大切にしている信念です。

できない理由には3つある

ユニ・チャーム 営業本部の頃

ユニ・チャーム時代、私にとって忘れられない指導者の一人に、石川謹一郎専務がいます。

この方は、もともと旧海軍で経理の仕事をされていた経験を持ち、オーナーの高原慶一朗さんが三顧《さんこ》の礼で招聘《しょうへい》された方で、数字やロジックに非常に厳しい人物でした。同時に、その合理的な考え方に私は非常に大きな影響力を受けました。

ある日、石川さんは朝礼で、「できない理由にはその頭に3つの言葉がある」と話を始めました。

石川さん曰く、「今までの方法ではできない」「自分一人ではできない」「今すぐにはできない」――これらの3つが、ほとんどの「できない」の理由だというのです。そして、「だからこそ、この3つの理由をきちんと明文化し、解決の道筋を考えることが重要だ」と説かれました。

さらに、「『今までの方法ではできない』と感じたなら、新しい手法を模索すべきです。『自分一人ではできない』場合は、誰に協力を頼めばよいのかを考えます。『今すぐにはできない』のであれば、いつまでに何をどうすれば達成可能か、具体的なスケジュールを立てるべきです」と続けられました。

そして印象的だったのは、石川さんがふとしたときに見せた、社員への叱咤《しった》です。当時、部署でやっていた朝礼では目標を発表する短いスピーチの場がありました。そこで、ある社員が朝礼でのフリースピーチで「私は太っているので、健康のために痩せたいと思います」と宣言したことがありました。それに対し、石川さんは「君は一生痩せられないだろう」と一蹴しました。その理由として、「君の話には、太っているとなぜ良くないか、痩せると何が良いのかだけで、『どのような方法で痩せるか』『いつまでに何をするか』が一切示されていないからだ」と続けられました。「手段や具体性を欠いた目標では実現できるわけがない」、と喝破《かっぱ》されたのです。なかなか厳しいなとも思いましたが、真剣に目標を話した社員の話を聞き、本気で施策を考える方法をどうしても伝えたかったのでしょう。

この考え方は、当時営業本部で働いていた私にも響きました。営業活動の中で、得意先から「できない」と断られることは日常茶飯事です。

しかし、その理由を突き詰めてみると、大抵の場合は3つのどれかに当てはまるのです。石川さんの教えを胸に、私は「今までの提案方法では駄目なのか」「一人で進めようとしすぎていないか」「具体的なタイムラインを提示しているか」を自問するようになりました。これにより、交渉が行き詰まったときでも突破口を見いだすことができるようになったのです。

石川さんの厳しさは、ときに痛烈でしたが、部下への期待も非常に高いものでした。私自身も厳しい指導を受けることもありましたが、他の部署や社外の場で「坂口はナンバーワン・セールスマンだ」と褒めてくれることもありました。

それを伝え聞いたとき、どれだけ励みになったかは言うまでもありません。

現代の職場環境では、厳しい指導は敬遠されがちです。しかし、石川さんのように具体的な方法論を示しながら高い基準を求める指導は、当時の私にとってかけがえのない学びでした。石川さんの教えは、ただ厳しいだけでなく、論理的で実践的だったからこそ、今でも私の中に息づいています。

「できない理由を真剣に考えることで、できる方法を見つけ出す」――このシンプルな教えは、時代を超えて通用するビジネスの普遍的な原則だと確信しています。

「澤田さんが偉すぎる」ことの弊害

エイチ・アイ・エス 人事戦略担当の頃

澤田秀雄さんという人物の存在感は、私がエイチ・アイ・エスで仕事をしていた中では、圧倒的なものでした。澤田さんのリーダーシップは誰もが認めるものであり、創業時から組織を導き、誰も成し得なかった成功を築き上げました。

しかし、その偉大さが強すぎるがゆえに、思わぬ弊害が生じていました。

私がエイチ・アイ・エスに入社したのが創業35年で、一部上場後10年という時期でした。あるとき澤田さんに「エイチ・アイ・エスの課題は一言で言うと何ですか」と聞かれて「澤田さんが立派すぎることです」と答えました。澤田さんの指示や考え方が絶対視されるあまり、幹部社員や現場の責任者たちが「自分で考えること」をしなくなる現象が見受けられたのです。

この状況は、私がかつてユニ・チャームで経験した課題と非常に似通っていました。

ユニ・チャームでは、オーナーである高原慶一朗さんが29歳の1961年に創業以来、強力なリーダーシップによって企業の成長を牽引してきました。同社は1976年、創業15年で創業者が44歳頃のときに第二部上場。1985年、創業24年で第一部上場と、その成長スピードは目を見張るものがありました。

そのため、尊敬の念が畏敬の念となり、さらにはオーナーの言うことをやっていれば成長すると、思考停止の状態になっていました。そして、急成長を遂げたことで、一部上場以前に採用された社員と、上場後に入社した社員の間で能力の格差が生じました。1995年、一部上場になって10年後に私は39歳で人事部長に就任します。その時点のユニ・チャームの課題は、幹部社員が受け身になっていたことと、古参社員が新しく入った優秀な人材を十分に指導できず、若手社員の離職につながるという問題が発生していたことです。

一方、エイチ・アイ・エスは創業から15年目で店頭公開、24年目で一部上場をしています。この、私がエイチ・アイ・エスに入社した一部上場後10年目までの道のりと、ユニ・チャームの創業から15年目二部上場、24年目の一部上場、一部上場後10年目に人事部長をしたときと、過程も状況も両社は非常によく似ていることがわかりました。

ユニ・チャームではこの課題を解決するために、社内に「ビジネスカレッジ」を設立し、幹部社員に対し経営課題に向き合う機会を提供しました。現場の幹部たちが自ら意思決定し、組織の方向性に主体的に関わる文化を築き上げることが目的でした。

エイチ・アイ・エスでは、同じように「受け身の文化」を払拭《ふっしょく》する必要がありました。澤田さんが示すリーダーシップは、当然ながら組織にとって極めて貴重なものでした。しかし、それだけでは長期的な持続可能性は担保されません。幹部社員が主体的に行動することを促すため、私は研修の内容をユニ・チャーム時代より一段上げて、座学のあとの中期計画のプレゼンを、グループではなく一人ひとりが澤田さんに

孫正義氏、南部靖之氏とともに「ベンチャー三銃士」と呼ばれた澤田秀雄さん

たいして中期戦略を提案し、承認されるとそれを自ら実行するという方式にし、実務への応用に直結させるよう働きかけました。また、現場の声を積極的に吸い上げる仕組みを構築し、幹部たちが「澤田さんに頼る」のではなく、「自らが澤田さんの一端を担う」という意識を持てるよう、繰り返し指導しました。

特に印象深いのは、研修当初に幹部の一人が「澤田さんがいてくださるのだから、自分が経営について深く考える必要はない」と漏らした場面です。

私はその場で「それでは次の澤田さんは生まれません。あなたたち一人ひとりが澤田さんの役割を引き継ぐ準備をしなければ、会社全体が澤田さんの成功に依存してしまう」と伝えました。これは決して聞き心地の好い言葉ではなかったでしょうが、組織の持続可能性を考える上では避けて通れない指摘でした。

リーダーの偉大さは、組織の推進力となる一方、その力が強すぎる場合、周囲が思考停止に陥る危険があります。エイチ・アイ・エスでの経験を通じて、私は痛感しました。どれだけ卓越したリーダーであっても、それに依存するだけでは組織全体の未来は築けません。組織が成長し続けるためには、次世代のリーダーを育成し、一人ひとりが主体的に行動する文化を構築することが欠かせないのです。

第二章

すべては「お客さま」のために

「誠実」が成功と幸せを呼ぶ

ユニ・チャーム　C&F事業本部・人事課長の頃

私は、ユニ・チャームでの経験がのちのキャリア全体に大きな影響を与えたと考えています。とりわけ、衛生用品メーカーの業界において「誠実さ」が重んじられる文化とマーケティング手法は、観光業やテーマパーク運営にも応用可能な普遍的なビジネスメソッドであることを学びました。

特にユニ・チャームやP&G、花王のような企業は、誠実な製品品質やイノベーションを競い合う業界でした。安易な値下げ競争のような粗雑な戦術に頼らず、あくまでお客さまに本当に価値ある製品を届けることを使命としていました。その中で、先述のC&F事業本部長をしていたときに、P&Gに掃除用品のライセンス供与契約を通じて、一緒に欧米市場を開拓する業務をさせてもらいました。そのときのC&F事業本部のマーケティング部長をしていたのが、のちにハウステンボスのマーケティング本部長を務めてくれた佐伯博司さんです。そして、彼と一緒にP&Gのマーケティングの高度な手法を学びました。

また、事業本部長になる以前の私は、ユニ・チャームの人事課長時代に「マーケティング養成プランナー講座」を立ち上げ、営業職や他部門の社員を対象に、1泊2日の集中研修を実施しました。講座では、市場調査の設計方法、コンセプト開発、ブリーフィング技術を伝え、多くの優秀な人材がマーケティング部門で活躍できる仕組みを構築しました。この取り組みで輩出された人材は、その後ユニ・チャームの成長を支える中心メンバーとなり、私自身も「人を育てることが最大の経営資源を生み出す」という信念を深めるきっかけとなりました。この第1期生が佐伯さんなのです。

加えて、ユニ・チャームでは初めてグロービスの企業内カレッジを採用しました。当時、私はこのプロジェクトを推進する役割を担い、ハーバード・ビジネススクールを参考にしたケースメソッド教育を社内に導入しました。これにより、受講者である社員一人ひとりが実践的な経営感覚を養い、組織全体のマネジメントレベルが向上しました。佐伯さんはこの3期生でもあります。

この「人を育てる文化」は、のちの私のキャリアにも一貫して根付いていました。

例えば、エイチ・アイ・エスやハウステンボスでも、現場の社員と密接に関わり、研修制度や人事評価の見直しを行いました。これらの取り組みはすべて、ユニ・チャーム時代に学んだ「人が腑に落ちる仕事をすれば、組織も成果を上げられる」という教訓に基づいています。

ユニ・チャーム時代には、P&Gと競争する中で学んだ「お客さまにとっての本質的な価値を探求する姿勢」が私自身の基盤となりました。例えば、ハウステンボスでは、「お客さまが自分の知り合いにすすめたくなるか？」という問いを基準にサービスの質を評価しました。結果的に、この基準が観光業における感動体験の創出にも応用されました。

「誠実なビジネス」と「高度なマーケティング」は、業界や文化の違いを超えて通用する普遍的なメソッドだと思います。私がメーカーで学んだこれらの知見は、サービス業や観光業でも応用可能であることを実証しました。人材育成においても、製品開発においても、お客さまと社員双方の満足を追求する姿勢が、最終的な成功につながるのです。

成功の秘訣は、業界を問わず、誠実さとマーケティングへの真摯な取り組みです。この二つの柱を基盤として、私は今後も人と組織の成長に尽力していきたいと考えています。

人事部のお客さまは社員

ユニ・チャーム 人事係長の頃

31歳で人事部に異動を命じられたとき、私は「マーケティングをやっていた人間が何で人事ですか？」と当時の上司の岡部さんに尋ねました。

すると意外な答えが返ってきました。岡部さんは、「人事もマーケティングだ」と言ったのです。「え！　どういうことですか？」とビックリすると、「お前はこれまで、マーケティングの役割として、お客さまの満足を追求しようと、お客さまが何を望まれていて、何に困っていらっしゃるかを調べて、その解決方法を戦略に仕立てて実践してきただろう。その対象が社員になるだけだよ！」。その一言が、私に「社員は「お客さま」という視点をもたらしたのです。

さらに、西武百貨店の人事管掌の井戸常務（当時）のセミナーに参加したことも、大きな影響を与えました。井戸さんはこう語りました。

「企業はお客さまの価値観の変化には敏感だが、社員の価値観の変化には鈍感すぎる。これでは社員が組織の中で納得して働けるわけがない」

この言葉を聞いたとき、私はまさに腑に落ちる思いでした。

そこで私は、人事部で「社員の満足を追求する」取り組みを本格的に始めました。その第一歩が、当時としては先進的だった社員意識調査の導入です。この調査では、社員が何を重視し、どこに不満を感じているかを明らかにしました。

この調査を通じて、私はマーケティング時代に用いた「重視不満度調査」を社員満足度の向上に応用しました。38年前の当時、この手法を人事に導入した企業はまだほとんどありませんでしたが、私は「社員をお客さまと考える」ためには、まず社員の声を可視化することが不可欠だと考えたのです。のちにこの手法が、現在でも多くの企業で使われている意識調査とほとんど変わらないものであることを知り、当時先進的な取り組みをユニ・チャームに導入できたことを誇りに思いました。

また、井戸さんの言葉に触発された私は、「社員の価値観の変化にも敏感であれ」という視点を常に持つよう心がけました。それは、ただ調査をして施策を講じるだけでなく、日々の対話の中で社員の価値観を読み取り、対応することの重要性を教えてくれたからです。

人事部での経験は、「社員はお客さま」という考えを私に根付かせただけでなく、「お客さま」という言葉の意味そのものを再定義させました。お客さまとは、製品やサービスを購入する外部の人だけではなく、組織内部の社員もまたお客さまであり、彼らの満足を追求することが最終的には外部のお客さまの満足にもつながるのだということを、私はこの経験から学びました。

ハウステンボスにおいても、社員はお客さま

ハウステンボス 社長の頃

ハウステンボスに赴任して、最初の2カ月で200人以上と面談しました。課長以

上70人は全員、その他は、部門や階層ごとにランダムに選んでもらいました。

　すると、自分の家族や知人・友人がハウステンボスに来ると、申し訳ないというのです。できることなら来てほしくないと。なぜそうなったのかをひもといてみましょう。


　1992年創業以来18年連続赤字だったハウステンボスを澤田秀雄さんが2010年に社長に就任して、半年で黒字化を達成するという偉業を成し遂げます。2015年には、エイチ・アイ・エスグループの連結営業利益180億円の半分の90億円の営業利益をハウステンボスが出すまでに成長させました。それだけ、澤田さんは天才経営者、カリスマ経営者なわけです。

　ところが2016年に熊本地震が襲い、九州全体の観光業に大打撃をもたらしました。その影響を受け、2016年から2018年まで3年連続の来園者数減となります。毎年前年比130%、140%と成長してきたのに、2016年には地震の風評被害で減収減益となったので、何とか打開しようとパスポート料金の値上げや追加料金をいただくことでトップラインを維持しようとします。

２０１９年に私が着任したときには、１Ｄａｙパスポートは７０００円で、ディズニーランドが７４００円と、２０１５年には９００円差だったのが４００円差にまでなっていました。追加料金としては、観覧車６００円、ゴンドラ１０００円、人気アトラクションのジュラシックアイランドは２１００円などとなっており、観覧車に乗った時点でディズニーランドより２００円高くなってしまいます。

そんなわけで、社員は、自分の家族や友人がハウステンボスに来ると申し訳ないと思ってしまったわけです。

このことは、社員は言ってはならないこととして、つらい思いをしていたと思います。岡部さんや井戸さんの教えの通り、私は「社員が自分にとってのお客さま」と考えていましたので、このつらい思いを解消することがハウステンボスの社長としての絶対条件だと思いました。

澤田さんからはハウステンボスの社長になってほしいと要請を受けていましたが、その時点では、丁重に辞退しました。恩師の平田さんには澤田さんから要請を受けたこと、そして自分は辞退したことを報告しました。すると平田さんは、「エイチ・アイ・エスグループの半分の営業利益を出しているハウステンボスの社長を要請されるなんて大変光栄なことじゃないか。君のビジネス人生の集大成として受けたらどうだ」と言われました。そして、「台湾で君が成功したことは多くの人が知っているが、一度だけだとまぐれだと思う人もいる。ハウステンボスでも成功すれば、君の経営スタイルが世の中に通用するという証明にもなる」と言われて、「まずは、人事の責任者を兼務して、最初の3カ月はハウステンボスに入り込み、社長ができるかどうかを判断させていただくことにしたい」と澤田さんに申し入れました。

そうして前述の通り、最初の2カ月で200人以上の面談をしたわけです。

澤田さんはエイチ・アイ・エスにおいては立派すぎるので社員が頼り切っている、と先に記しましたが、ハウステンボスにおいては、比べものにならないくらいの状況でした。エイチ・アイ・エスは35年かけて90億円の営業利益を出す企業に成長しましたが、ハウステンボスは澤田さんが経営の舵をとるようになって、わずか6年目で90億円の営業利益を出すわけです。それも澤田さん以前は創業以来18年ずっと赤字だったわけで、エイチ・アイ・エスの社員以上にハウステンボスの社員は、澤田さんの言うことは絶対視していると思いました。

社員に前向きに働いてもらい、ハウステンボスの社長を引き受けるには、この追加料金をなくして、みんなが自信を持って自分の家族や友人に来てほしいと思うようにしなければならないと思いました。

当然それには、澤田さんに追加料金をなくすことを了承してもらわなければなりません。ハウステンボスの幹部と話をすると、追加料金をなくしてほしいことは複数の幹部から澤田さんに提言しましたが、すべて却下されたとのことで、彼らは無理だと思っていました。

私自身も、単純に自分が社長になるための条件として、追加料金をなくしてほしいと要請しても、すんなり認めてもらうことはできないだろうなと思いました。そこで、相当な覚悟を示さなければならないと考え、まずは自分の覚悟を聞いてほしいと澤田さんに言いました。

「澤田さん、本日は社長をお受けするかどうかを決めさせていただくための時間をいただきました。社長をお受けするには、これまで澤田さんがやられていたことを変えていただきたいことも出てきます。しかし、創業以来18年赤字続きのハウステンボスをわずか半年で黒字にされ、6年目には90億円の営業利益を出すまでにされた、天才経営者、カリスマ経営者がやられていたことを変えていくということは、相当な覚悟が必要です。まして、私はテーマパーク事業はずぶの素人です。ですから、話を始める前に、自分の覚悟を聞いてください」

と切り出しました。澤田さんは、ちょっと怪訝な顔をされながら、「いいですよ、何ですか？」と言われました。

「自分が社長になった翌期に減収減益したら年俸はいりません」

すると、澤田さんは「何を言い出すんですか、そんなの駄目ですよ」とおっしゃるので、それなら「新入社員の給与でいいです」と返すと、「それも駄目です」と言われます。

「それなら半額でどうですか」と言い、続けました。

「澤田さんは天才経営者、カリスマ経営者です。失礼ですが、そんな澤田さんでも3年連続来園者数は減少しています。そこに素人の自分が来て、社員は不安しかないと思います。私がどんな人かな？　と思っているうちに、すぐに1年2年経ってしまいます。よっぽど変わった人が来たと思ってもらわないといけません」と言うと「今、ここでしたような会話の内容を、社員にも言うおつもりですか」と聞かれたので、「そうさせてください。社員にも相当覚悟を持ってやろうとしていると思ってもらいたいです」と言いました。「わかりました。それでは減収減益したら半額ということにしましょう。だったら、増収増益したらいくらほしいんですか」と問われたので、「社員の平均昇給率だけ上げてもらえればいいです」と答えました。

澤田さんは「あなたばかじゃないんですか、減収減益したら年俸はいらない、半額でいいと言うなら、増収増益したら3割上げてほしい、5割上げてほしいと普通言うでしょう」と言われました。

「普通はそうでしょう。しかし、そうしたら社員は、今度の社長は自分の年俸をかけに来たと思うだけです。減収減益したら半額でいい、増収増益したら社員の平均昇給率でいいとは、相当変わった人だ、この人の言うことは聞いてみてもいいかも……と思ってくれると思います」と言うと、「そうですか、それではそれで行きましょう」と私の申し出を了承してくださいました。ここまでは自分の考えていたシナリオ通りに進みました。

さて本題はここからです。

まず「自分の相当な覚悟を聞いていただいたので、これからは、澤田さんも相当な覚悟を持って聞いてください」と切り出し、「これまで追加料金をいただいていましたが、これをなくしたいと考えています。追加料金の合計は〇億円、チケット7000円で割ると〇万人です。これは必ず増客できると思いますので、必ず損失にしないようにします」と伝えました。

すると間を置かずに「なるほど、いいですよ」と澤田さんに言ってもらえました。私は心の中で「やった！」と叫びました。それ以外にも社員の家族へ年間パスポートの無償配布や、お友達割引クーポンの配布、社員用トイレのシャワートイレ化、喫煙所、休憩室の改修などをお願いし、すべてを了承していただきました。こちらの覚悟を感じてもらい、澤田さんにも覚悟をしていただいたようでした。これで、ハウステンボスの社長を引き受けることとなりました。

その後、幹部を集めて、澤田さんの了承を得たことと社長を引き受けることになったことを報告しました。幹部社員は、みんなビックリした表情で、「よく通りましたね」という声ばかりでした。そこで私は「皆さんに喜んでもらったのはうれしいが、これで幹部の皆さんは言い訳できなくなったということを理解してください。自分たちの責任で増収増益をしていくという覚悟をしてください」と要請しましたら、みな引き締まった表情でうなずいてくれました。

オーナーは、社員の覚悟を見ていると思います。生粋《きっすい》の経営者は、腰が引けているサラリーマン根性が嫌いです。どの程度覚悟を持って考えているのか？　を確かめられることがよくありました。この話は、後述する高原慶一朗さんとのやり取りにも表れています。

7000円のパスポートに見合った感動を

ハウステンボス 社長の頃

さて、澤田さんに了解してもらい、追加料金はなくなりましたが、1Dayパスポートは7000円で、ディズニーランドと400円しか差がありません。本当に7000円の価値があるのか？　を幹部をはじめ、企画のメンバーと吟味するようになりました。1Dayパスポート料金7000円という価格に見合う体験を提供できていないと思われる現実が、少なからず私の目には映っていました。

園内を幹部と歩きながら、私は繰り返し問いかけました。「お客さまが支払う7000円の価値はあるのか？」と。それは具体的な演出やサービスを刷新するための出発点でもありました。

最初に手がけたのは「白銀の世界」という、園内のイルミネーションの演出でした。当初の提案では、園内のスタッドハウスという建物の正面の壁面にイルミネーションで装飾するというものでした。しかし、それでは「非日常の感動」を提供するには到底不十分だと思いました。私はテーマパークの経営は素人ですが、顧客としての目はあるわけで、「白銀の世界というなら、屋根や軒先も含めて、まるで雪が積もったような景色を作り上げた方がよいのでは」と提案しました。

結果として、壁面だけだった装飾は大幅に拡張され、屋根や街灯、軒先などの細部に至るまで、まさに白銀の世界を再現する装飾が施されました。この演出には当初の

3倍の費用がかかりましたが、私は中途半端はよくないとメンバーの合意を求めました。点灯式では白銀のイルミネーションが一瞬で輝き出す仕掛けを導入してくれましたが、パパパッと一斉に点かないので、「これではまだ中途半端ではないか？　すべてが同時に「バッと」点灯し、お客さまの『わぁ〜』という声が出なければ感動とは言えないのでは」とメンバーに問いかけました。こうした徹底したこだわりにより、改善後の点灯式ではお客さまからこれまで以上に大きな歓声が上がり、これこそが7000円の価値だ、とメンバーとともに胸を張ることができました。

続いて取り組んだのがクリスマスツリーの刷新です。従来の、安価でどこにでもあるようなツリーを全廃し、12メートルのツリーを10本購入しました。「白銀の世界よりも安い投資だ」とメンバーを説得し、その必要性を説きました。このツリーは圧倒的な存在感を放ち、夜空に浮かぶ光とともに、お客さまの記憶に鮮やかに焼き付きました。クリスマス装飾全体を統一感のあるデザインに仕上げたことで、園内全体が幻想的な雰囲気に包まれるようになりました。

また、ナインチェ（オランダではミッフィーをナインチェと言います）のショップ

年にインターナショナルイルミネーションアワードで「世界一」の称号を獲得した

息をのむほど美しい「白銀の世界」を含むハウステンボスのイルミネーションは、2024

とカフェの改良も大きな課題でした。従来の店舗は普通の店舗にミッフィーのグッズが並べてあるだけのもので、特別感もなく、感動していただけるものにはなっていないと思い、コロナ禍の真っ只中でしたが、佐伯マーケティング本部長（当時）に大幅なリニューアルを企画してもらいました。デザイン案の段階で、ターゲットに近い社員に見てもらい、ワクワクするか？　友達に自信を持ってすすめられるか？　を問いかけ、何回もデザインの修正をしてもらいました。ナインチェカフェでは、メニューの見直しも行いました。特にSNS映えを意識し、写真を撮りたくなるようなデザインを追求してもらいました。代表的なメニューである「ミッフィーカレー」は、ミッフィーの顔を模したかわいらしい盛り付けが特徴で、多くのお客さまが写真を撮影してSNSに投稿しています。その他にも、長崎発祥のミルクセーキに、オリジナルのミッフィークッキーをのせたかわいいドリンクもあり、若い女性を中心に人気です。

そして、ショップの天井と、外壁にも3Dマッピングを施しました。また佐伯さんが「世界初　体験型ショップ&カフェナインチェ」というネーミングを考えてくれ、「店舗」と「カフェ」がそれぞれ分離した施設というよりも、一体感のあるアトラクションとしてリニューアルしました。こうした取り組みで、体験型ショップ&カフェ

経営の要諦は社員が納得し、誇りをもって働ける環境を作ること

ナインチェはキャラクター性とテーマパークとしての一体感を高めるだけでなく、ＳＮＳを通じた自然なプロモーションにもつながっていきました。

テーマパークでは「料理もアトラクションの一部」として、スタッフと一丸となって作り上げた結果、ナインチェカフェは熱心なミッフィーファンのみならず、広く来場者に愛される、園内でも随一の人気＆ＳＮＳ映えスポットとなっています。

経営とは、お客さまが真に価値を感じる体験を形にする仕事だと思います。そのためには現場の声を聞き、妥協せずに実行する姿勢が求められます。この教訓はテーマパークだけでなく、すべての業界において通用する普遍的なことではないでしょうか。

『スーパーの女』に学ぶ

ユニ・チャーム C&F事業本部長の頃

1996年公開の伊丹十三監督の映画『スーパーの女』は、私にとってビジネスの基本を叩き込まれた一本です。

この作品は、一見平凡なスーパーマーケットを舞台に、お客さまへの誠実さや働く人々の誇りが経営を根本から変える様子を描いています。あの映画に映し出されるのは単なる小売業の話ではなく、どの業界にも通じる仕事の本質だと思います。

映画の中で特に印象に残ったのは、「パートの女性」の存在です。スーパーで働く彼女たちは、お客さまに最も近い存在でありながら、以前の経営方針の下ではその知識も声も無視されていました。例えば、劇中で出てくる新しい肉が古くなるとひき肉にし、さらに古くなればハンバーグ、最終的にはメンチカツへと加工されていく仕組み。このやり方にパートの女性たちは辟易《へきえき》していました。「誰が古い肉で作られたものを買うものか」と。実際、彼女たちは自分のスーパーでは買い物をしませんでした。自分の職場の商品に誇りを持てない環境では、社員の士気も上がらないのは当然です。

そんな状況を変えたのが、宮本信子さん演じる主人公・花子です。「新しい肉でひき肉を作り、新鮮なひき肉でハンバーグを作り、さらには新しいハンバーグでメンチカツを作る」と提案したのです。この方針転換に対して、パートの女性たちは心から喜んでくれました。「これなら私たちも安心して買える」と。実際に売上が上がり、ロスが減り、スーパーの評価も高まっていきます。ここで重要なのは、お客さまを騙さないことだけでなく、現場のスタッフが納得できる仕事をするという点です。

自分がユニ・チャームの執行役員になった2000年に、執行役員の推薦図書を会社のポータルサイトに上げたのですが、私は本ではなく映画『スーパーの女』を上げました。その後、台湾に赴任した2006年には、台湾の社員に中国語の字幕入りのDVDを買って、みんなで勉強会をしたほどです。

社員がお客さまという人事担当者になったときの考え方と、この『スーパーの女』には、社員が納得してこそお客さまに対しても満足してもらえることが実現できるという、自分の基本的な考え方が反映されています。

この映画の考え方に基づき現場を改善していった事例がありました。

ハウステンボスの経営に取り組み始めた頃、園内レストランは「原価率を抑えろ」という圧力にさらされ、「地元の良い食材を使い、その良さを引き出す料理を作りたい」と言う料理長たちの声はかき消されていました。

私はこの状況を見て、原価率は大事だが、良い食材を使って良い料理を提供すれば価格が高くても満足してもらえると考え、方針を転換しました。「価格が高くなっても、お客さまが満足すれば必ず支持される」という信念のもと、全レストランのメニューと食材選定を見直してもらいました。その結果、料理長たちは生き生きとした表情を取り戻し、園内のどのレストランでも「おいしい」と評判をいただけるようになったのです。

『スーパーの女』に登場する肉の加工工程の見直しと同様に、ここで学べるのは、現場にいる人々が納得し誇りを持って仕事ができる環境を作ることの重要性です。そのためには、ただ効率や利益を追求するだけではなく、誠実さを基準に判断を下す姿勢が必要です。

映画の最後で、改革を成功させた主人公がスタッフたちと笑顔を交わすシーンがあります。私にとってこの場面は、仕事の本質が「誠実さ」と「納得感」にあることを改めて教えてくれました。そしてその教えは、経営の現場で常に私の判断を支える原点であり続けています。

上がらなかった花火代、お返しします

ハウステンボス 社長の頃

「お客さまにとって誠実であるとは何か」

私がハウステンボスの経営を担って間もない頃、この問いに正面から向き合う出来事がありました。それは、ある秋の日のことです。台風の影響で、花火大会の開催が危ぶまれていました。完全中止ではなく、予定していた花火の7割だけを打ち上げる形で進めることになりました。問題はそのあとに起こりました。

花火大会は事前にチケットを販売しており、観覧席も指定されていました。チケットの価格は席によって3000円や1500円といった額で、お客さまはこの代金をお支払いされ、花火を楽しみにされていました。しかし、実際には予定の7割しか花火を上げられなかったのです。私は即座にスタッフに提案しました。「お客さまに正直に説明し、3割分の未消化分をクーポンでお返ししよう」。これを聞いた瞬間、スタッフの表情は一様に硬直しました。

「坂口さん、それはやりすぎではありませんか。台風の影響は私たちの責任ではないですし、そもそもチケット代を返すなんて、やったことがありません」と困惑の声が上がりました。

しかし、私はひるみませんでした。「7割しか上げられなかった事実を隠しても、結果的にお客さまの期待を裏切るだけです。『この程度の花火か』と思われたら、来年は来てもらえない。むしろ正直にもともとの計画をお知らせし、本当はこれ以上の規模だったことを知ってもらうべきです。そして、その誠実な姿勢が信頼を生むのです」と力を込めて説得しました。

最終的に私の提案に対してメンバーが納得してくれて、観覧チケット価格の3割分に相当するクーポンをお客さまに配布しました。この際、予定していた花火が打ち上げられなかった経緯を丁寧に説明しました。

この対応は、お客さまの間で大きな話題となりました。「こんな誠実な対応は経験したことがない」「本来の予定より少なかったことを知り、逆に来年が楽しみになった」といった声が寄せられました。社員の中には驚きを隠せない者も多く、「こんなことをしていたら、また潰れそうになるんじゃないか」と心配する声もありました。しかし「ここまで誠実な対応をしてくれて、家族や友人に誇れる会社になった」といった感嘆の声はそれ以上に上がりました。

のちに私はこの経験を社員に話し、「誠実さは短期的な利益ではなく、長期的な信頼を築く基盤だ」と伝えました。実際、この花火大会以降、来場者の満足度は上がり、翌年の花火大会では前年を大きく上回る観客動員を達成しました。

このエピソードは、単なる返金対応の話ではありません。それは、お客さまとの信頼関係を築くために「誠実であること」の意味を実践で示した瞬間でした。お客さまに対して誠実であり続けること。それは、短期的な利益を超えた本質的な価値を追求する企業姿勢を象徴しています。その姿勢が、社員にとって誇れる会社であることになるのです。

第四章

「納得」こそが組織を変える

説得こそ上司の仕事 ～原因自分論の正しい運用

ユニ・チャーム 人事グループ部長の頃

ユニ・チャームのDNAの一つに「原因自分論」があります。

これは、仕事の結果がどうであれ、その原因を他人や環境のせいにせず、自分に原因を求める考え方です。このDNAを、私は人事時代に研修の場などで繰り返し社員に伝えました。しかし、DNAをただ押し付けるのではなく、実際に効果的に機能させるためには、上司側の努力と工夫が欠かせません。その中で私が辿り着いた結論は、「説得すること」が上司として最も重要な仕事だということでした。

「原因自分論」の精神を誤解している人もいました。例えば、「お前の仕事の結果が悪いのはお前自身の責任だ」と部下に責任を押し付けるような捉え方です。これは本来の考え方とはほど遠いものです。そもそも部下が納得せずに行った仕事は、熱意を持って遂行されることが少なく、成功率も下がります。一度つまずくと、「やっぱり無理だった」と簡単に諦めてしまい、振り返りや改善も行われません。さらに、上司も部下をただ叱るばかりで、自分の指示や支援方法を反省しない。こうした構図を、私は何度も目のあたりにしてきました。

私が目指したのは、部下が自分の納得感を持って仕事に取り組める環境を作ることです。例えば、部下が「A案とB案、どちらが良いでしょうか」と相談してきたとき、私はまず「君はどちらが良いと思っているの？」と尋ねます。すると部下が「A案が良い」というと「なぜA案が良いと思うの？」と問いかけます。その理由が理に適っているなら、「よし、A案で進めよう」と答えますが、もし私がB案の方が適していると感じた場合は、逆にB案の良さを部下に説明し、説得します。

ここで重要なのは、部下が納得してB案を選ぶかどうかです。自分が納得した選択肢であれば、部下は責任を持って全力で取り組みます。そして、もしB案が失敗した場合でも、「どうすれば次は成功するのか」と真剣に考える姿勢が生まれます。これは、彼らが心から納得して行動した結果であるためです。上司がただ「B案をやれ」と命令するのとは、大きな違いです。

また、私自身も「説得」によって部下の意見を受け入れることがありました。あるとき、部下が強く推した案に対して、私が持つ別の案の方がより合理的だと感じていました。しかし、部下の熱意ある説明を受ける中で、彼の視点や現場での感覚に気づかされ、最終的にはその案を採用しました。その結果、成功を収めたケースがいくつもあります。このような経験を通じて、説得は双方向で行われるべきものだと感じています。

リーダーシップとは「自分の意見を押し付けること」ではありませんが、同時に「相手の意見に迎合すること」でもありません。説得を通じて、上司と部下の間でお互いが納得感を持ちながら決定を下すことが重要です。納得していれば、たとえその仕事がうまくいかなかった場合でも、次の一歩につなげるための反省や改善を重ねることができます。一方で、指示をただ押し付けるだけでは、部下は受動的な姿勢を崩さず、結果として失敗の本質を見落とし続けることになるでしょう。

説得力のあるリーダーは、部下に「この仕事は自分ごとだ」と思ってもらえる力を持っています。それは部下のやる気を引き出すだけでなく、成功と失敗のいずれにおいても学びを深める機会を作るものです。そして、それを実現するために必要な「説得」は、単なるコミュニケーション技術ではなく上司としての責任そのものだ、と私は考えます。

リーダーシップとは自分の思った通り人を動かすことではなく、「リーダーシップのある人とは説得力のある人」という定義を、このあとエイチ・アイ・エスやハウステンボスでも、マネジメント研修の一番重要な要素として力説してきました。

説得ができる上司は、部下に成長のチャンスを与え、組織の成果を高める源泉となります。部下に納得してもらえるための議論を惜しまない。これこそが「原因自分論」を正しく運用するために欠かせないリーダーのあり方なのです。

スピーカーの位置は、どちらがお客さまのためか

ハウステンボス 社長の頃

ハウステンボスに赴任して、野外ステージのスピーカーの位置で、現場の演出マネジャーと揉めたことがありました。

スピーカーが邪魔をして、ステージの斜め前から横側のお客さまが見づらくなるの

で、「スピーカーの位置をもっと後ろにした方が良いのではないか」と提案しました。

するとと現場の演出マネジャーは、「スピーカーの位置はそんなに簡単に動かせるものではありません。この位置から聞こえる音量をいくらにするべきか、キャストに聞こえる位置によりハウリングが起こるなど、調整に何日もかかります。キャストや運営のスタッフのことも考えてもらわなければ」と、かなり不満そうな顔でした。

「キャストの人たちは、お客さまに喜んでもらいたいと一生懸命努力してくれていると思う。彼らが、一人でも多くのお客さまにとって見やすくなれば、絶対に喜んでもらえるのではないか。また運営のスタッフも、キャストやお客さまに喜んでもらうことで、モチベーションが上がるのではないか」

そう話すと、厳しかった演出マネジャーの顔がころりと変わります。

「お客さまや、キャスト、自分たち運営の人間まで、喜んでもらいたいという気持ちがよくわかりました。すぐやりましょう」

合点がいった表情と強い決意をすぐに示してくれました。

運営のスタッフ、施設担当のスタッフ、重機のスタッフを総動員してくれて、その日の営業が終わってからすぐに作業に取りかかってくれ、翌日の公演開始までに、調整が終わり、見づらかった客席はほとんどなくなりました。キャストも運営スタッフも、作業後は満足げでした。自分はみんなの健闘を称え、ハウステンボスの改革に弾みがつくことを確信しました。

その後、この事例をマネジメント研修で使うようになりました。「統合による調整」というマネジメントの仕方、つまり「より高次元の目的に戻って、お互いに納得できる解決策を考える」というやり方です。

相手と意見が合わない場合は、自分の意見を主張ばかりするのではなく、相手が求めている、より高次の目的に向かって説得すると合意することができるという考え方は、研修によりさらに組織へ浸透していくことになります。

意見が合わない場合でも、お互いに、さらに高次元の何のため？　を考えて、協議する場面が増えると、地位のパワーで意見を押し付けるのではなく、お互いに納得できるようみんなが努力するようになっていきます。

「わたし」のためのパーパス作り

ハウステンボス 社長の頃

多くの人にとって、テーマパークは日常のしがらみやわだかまり、ストレスから解放され、リフレッシュする場であります。しかし、ハウステンボスに赴任した当初は、前述の通り、多くの社員から「自分の知り合いや家族には来てもらいたくない」「自信を持ってすすめられない」と思われる状況でした。ハウステンボスは、お客さまにしがらみやわだかまり、ストレスを解消していただく場であるのに、その場を提供している社員にしがらみやわだかまりがあり、ストレスだらけの現場になっているという状況でした。

お客さま満足の向上を実現するには、まず社員自身が誇りを持てる仕事環境を整えなければならないと考えています。そこで、家族や友人に自信を持って来てほしいと思ってもらえる改革をたくさん実施してきました。

ハウステンボスの存在意義を明確にするため、そして社員が理念に共感し主体的に行動できる文化を作るため、２０２２年、開園30周年を機に「パーパス（存在意義）」を策定することにしました。この取り組みは、「わたしが本来のわたしらしい状態に戻れる空間」を中心に据え、「心のデトックス」をテーマに掲げました。

最初の案では、「あなたが本来のあなたらしい状態に戻れる空間」という表現を採用しました。しかし、ハウステンボスの社外取締役を九州財界の顔役として長く務めておられるＪＲ九州会長（当時）の唐池恒二さんから、「『あなた』ではなく『わたし』ではないのか？」という指摘を受けました。

その理由は、「お客さまの立場から考えると、『あなたは』では、提供される側となってしまい、提供する側、提供される側をイメージしてしまう。提供される側も提供する側もそれを意識するのではなく、『わたし』にすれば、どちらの側も『わたし』になる」というものでした。この意見を社員に共有したところ、多くの賛同を得ることができました。

このパーパスに基づき、「7つの『わぁ～』」という感動体験の表現を設けました。

使命を知ることで、人と組織は変わる

「わぁ～きれい」「わぁ～すごい」「わぁ～すてき」「わぁ～かわいい」「わぁ～おいしい」「わぁ～たのしい」「わぁ～うれしい」

これら7つの体験を通じて、お客さまが日常のしがらみやわだかまり、ストレスから解放され、本来の自分に戻れるような空間を提供することを目指しました。これらの指針は、社員にとっても明確な目標設定となり、新しい企画や施策を考える際の判断基準として機能しました。

企画会議では、「これは7000円のパスポート料金に見合う価値があるのか」という議論が日常的に行われるようになりましたが、それでも何をもって7000円の価値なのか？　がよくわからないというのが本音でした。そこに、7つの「わぁ〜」という判断基準が入ってきて、担当者は「『わぁ〜きれい』をねらっています」といい、上司は「『わぁ〜きれい』を目指すならば、どういう演出でお客さまにその感動を届けるのか、さらに考え抜こう」と、より具体的で魅力的なプランが生まれる道筋になりました。この7つの「わぁ〜」が、単なるスローガンにとどまらず、実際の業務に深く根付いていったのです。

また、社員一人ひとりが「アトラクション」であるという意識を持つことも重要視しました。「スタッフが対応することでお客さまが『わぁ〜うれしい』と感じられるように」という考えのもと、私はあえて詳細なマニュアルを作らない方針を取りました。社員自身が日常生活の中で感じた「良い対応」「悪い対応」を基準にし、お客さまへの接客を自分の言葉と行動で実践するよう促しました。この自主性を尊重したアプローチは、社員のモチベーション向上にも寄与しました。

このパーパスを基盤とした取り組みは着実に成果を上げました。お客さまからの評価は向上し、リピート率も高まりました。また、社員の離職率は2019年当時の3

分の1程度まで下がり、依然課題は残るものの、確実に改善の兆しが見えてきました。

会社の存在意義を共有し、組織全体で実行に移すためには、理念が具体的な行動につながる必要があります。そのためには、現場の声を丁寧に拾い上げ、社員一人ひとりが自分の役割を実感できる仕組みを作ることが大切です。ハウステンボスでの経験は、理念と実行が結びついたとき組織がどれだけ大きな変革を遂げられるか、を私に教えてくれました。

中期経営計画を若手中心、部門横断で

ハウステンボス社長の頃

ハウステンボスという場所は、単なるテーマパークではありません。その設立には「本物のオランダの街を再現する」という壮大な志がありました。1992年、長崎県佐世保市の大村湾に面した埋立地に、約2200億円という巨額の投資をして建設

されました。この街は、ヨーロッパの文化と建築を日本に取り入れたユニークな存在です。

例えば、運河の石材は本物の石を使用し、電柱は一本も立っていません。ライフラインはすべて地下の共同溝というトンネルに配管され、建物のデザインや構造はオランダの伝統的な建築様式を忠実に再現しています。使用されたレンガの数は2000万個以上に上り、それらを実際にオランダから輸入するなど、こだわり抜かれた街並みです。この徹底ぶりが、訪れる人々に「ここは本物だ」と感じてもらえる大きな理由となっています。

しかし、この「本物」が持つ重厚感を次世代にどう引き継ぎ、未来へとつなぐか。それが私が社長に就任した際に直面した課題の一つだと感じました。

私がハウステンボスに赴任して1年が過ぎた頃、会社の将来像を描き直すべく、中期経営計画の再構築に着手しました。この計画の核としたのは、従来のように上層部だけで計画を立案する方法ではなく、若手社員を中心に現場の声を積極的に取り入れるプロセスでした。

具体的には、5つのテーマ（「ビジョンプロジェクト」「若年層プロジェクト」

「ファミリープロジェクト」「ペットプロジェクト」「富裕層プロジェクト」）ごとに横断的なプロジェクトを立ち上げ、社員全員を対象に参加を呼びかけました。そこでは、現場の視点で顧客ニーズや競合との差別化を議論し、計画に反映する取り組みを進めました。

その際、３Ｃ分析（顧客・競合・自社の３つの視点から市場環境を把握する手法）を用いて、お客さまのニーズ、競合の状況、自社の強みと弱みを把握しました。また、ＳＷＯＴ分析（強み・弱み・機会・脅威を整理する手法）を通じて内部環境と外部環境を評価し、具体的な戦略を導き出しました。最初、プロジェクトのメンバーは、自分たちの意見を言わせてもらえると思ったのに、何だか勉強会のようだなぁと思ったそうです。しかし、このフレームワークをやったおかげで、単なる思いつきのアイデアではなく、戦略フレームにのっとったものとなり、実現可能性の高い、意義のある内容に昇華していきました。

若手社員たちとの議論の中で感じたのは、彼らがハウステンボスの魅力と課題を非常にリアルに把握していることでした。「オランダの街並みを再現したテーマパーク」という軸の強さを評価しつつ、もっと柔軟にターゲット層を拡大し、持続可能な

納得のいく戦略は、現場の声を大切にすることで生まれる

経営へとつなげるための斬新な提案が多く挙がったのです。例えば、ペット同伴可能な施設を強化することで新たな顧客層を開拓する案は、多くの共感を得ました。

各プロジェクトからの提案を受けて3カ月後に中期戦略を構築し、それぞれのチームからの提案がどの戦略に反映しているのかを、メンバーを集めて丁寧に説明しました。そして、そのあとに、それぞれのメンバーからコメントを求めました。多くのメンバーから、「自分たちが会社の未来を創る」という強い自覚が芽生えましたというコメントがありました。ある20代の女性社員は涙ながらに「現場の若い私たちの声をこんな形で反映してくれるなんて」と語ってくれ、その言葉はその場にいた部門長の心にも響いたようで、もらい泣きする人もいました。

そして、「まるでドラマを見ているようだ。こんな経験はこれまで20年したことがない」と率直にその感動を伝えてくれました。

ハウステンボスは「本物」を追求することで培った信頼と、現場の声を経営に取り込むプロセスを通して、社員の意識改革を促しました。この経験を通じ、私は現場を尊重することが持つ大きな力を再確認しました。中期経営計画の策定は単なる経営戦略ではなく、会社全体の未来を共に考え、創造するための大切なプロセスだと確信しています。

1年待ったアトラクションがもたらしたもの

ハウステンボス 社長の頃

「テーマパークはお客さまに感動をお届けする場所である」

この当たり前の言葉が、ときに現場で薄れてしまうことがあります。ハウステンボスに赴任した私が初めて「光のファンタジアシティ」の完成品を見たとき、それを痛感しました。

2020年3月20日、「光のファンタジアシティ」はハウステンボスの新たな目玉アトラクションとして誕生するはずでした。しかし、その完成1カ月前に、私は現場を訪れ、深い失望を覚えました。最新技術を駆使した幻想的なプロジェクションマッピングが売りになる予定でした。しかし、現場で目にしたその内容は、「感動」を届けるにはほど遠いものでした。設備や演出は最先端の技術を駆使していましたが、そこには「お客さまが心から感動する仕掛け」が欠けていると思ったのです。計画において技術への過信が先行し、「ワクワクする体験」という本質が見失われているように感じました。

私は迷わず決断しました。「このままではオープンできない」と。準備も佳境に入っていましたが、感動を生み出せないものを世に出すわけにはいきませんでした。すでにメディア発表もすみ、世間に期待を持っていただいたあとでの中止は、社内外に大きな波紋を呼びました。なかなか納得してもらえなかったので、社員の声を積極的に取り入れて評価してもらうことにしました。

社員40人を集めてテスト体験を実施し、その場で評価スコアを出してもらいました。しかし、結果は5点満点で3・6点。評価したメンバーに聞きました。「これは家族や友人に自信を持ってすすめられますか？」

誰も手を挙げませんでした。「これでは到底お客さまに誇れるものではない。感動をお届けするには最低でも4・5点以上が必要だ」と繰り返し主張し、みんなにオープンの延期を了承してもらい、より質の高い内容に仕上げるため、開業は1年後の2021年3月まで先送りとしました。そして「家族や友人に誇れないものをお客さまに提供してはいけない」という信念を貫くことができました。

前述したユニ・チャームでC&F事業本部部長時代に、事業本部のマーケティング部長をやってくれていた佐伯さんがハウステンボスのマーケティング本部長を担ってくれて、彼を中心に改良を重ねた「光のファンタジアシティ」が再び社員の前にお披露目されました。このときの評価は4・6点。ついに自信の持てるアトラクションへと生まれ変わったのです。社員たちは「これなら堂々とお客さまをお招きできます」と口をそろえました。

その瞬間、私は「お客さまに感動をお届けする」という理念が、単なるスローガンではなく、現場のスタッフ一人ひとりに浸透していることを確信し、佐伯さんとユニ・チャーム時代のトレイマットの成功を懐かしく思い出しながら、2人で祝杯をあげました。

そして迎えた2021年3月、新生「光のファンタジアシティ」がオープンしました。当日、私はアトラクションの出口でお客さまの表情を見つめていました。ある家族連れが笑顔で出口を出てくる様子を見たとき、私は「これが本当に提供したかった体験だ」と確信しました。お客さまの感動が、社員たちの評価と努力の結果であることを強く感じました。

その成功を受けて、私はパークの本部長に一つの提案を行いました。それは、私自身が２０１９年から実践してきた「ウェルカムエリア（ハウステンボスの入場ゲート周辺）でお客さまに手を振る」という行動を、この新しい「光のファンタジアシティ」のエリアで取り組んでもらうことでした。これまでは私のみが先陣を切って取り組む姿を見せるだけでしたが、このタイミングを社員にも普及する好機と考えました。

パークの本部長から社員に提案の際、社員の間には戸惑いもありました。「手を振るなんて形式的な行動に思われないか」「本当にお客さまに価値を届けることにつながるのか」という意見もありました。しかし、本部長はこう説きました。

「私たちが心から誇れるアトラクションが完成した今、私たちの思いを直接お客さまに届けよう。その最初の一歩は、このエリアからお客さまに手を振り、心から歓迎する姿勢を示すことだと思う」

その言葉に、社員たちは納得してくれました。「やらされ感」ではなく、「自信を持って新しいアトラクションやサービスでお客さまをお迎えする」という意識が芽生えていったのです。こうして始まった手を振るお出迎えは、次第に現場に広がり、定着していきました。

お客さまに手を振るという行動は単なる形ではありません。それは「私たちはあなたに感動をお届けする準備ができています」という決意表明であり、お客さまとの信頼を築く第一歩だと私は捉えています。この文化が根付いたことで、現場の雰囲気も一変しました。社員たちは「自分たちが感動できるレベルのものを提供する」という根本的な価値観を共有し、その姿勢がお客さまにも伝わるようになりました。

「1年待ったアトラクション」は、単なる遅延ではなく、感動を追求するための試行錯誤の産物でした。そして、その過程で生まれた「手を振ってお客さまをお迎えする」という文化は、ハウステンボスの現場における新たな価値観を築くことに成功しました。経営とは、現場の声を尊重し、現場の力を引き出すことでお客さまに感動を届ける仕事です。この教訓は、どの業界においても普遍的な価値を持つ、と私は確信しています。

1400回のウェルカム

ハウステンボス 社長～会長の頃

経営者の役割とは、企業のビジョンを示すだけでなく、それを実現するために現場の意識と行動を変えていくことにあると考えています。ハウステンボスの社長に就任した2019年、私が最初に着手したのは、スタッフの意識改革と現場環境の改善でした。その象徴的な取り組みが、毎朝の「お出迎え」活動でした。2019年5月から2024年9月の最終勤務日まで、合計1400回、お客さまを園の玄関口で迎える活動を続けたのです。

就任直後、私は現場を見て回り、その荒廃ぶりに衝撃を受けたものでした。ゴミが散乱し、スタッフは来園者に手も振らず、私語が目立ち、誕生日シールを貼ったお客さまにも「おめでとうございます」の一言がない。長崎という一地方に位置するハウステンボスでは、離職率も大変高い状況でした。東京や大阪に比べて雇用機会の少ない地方で、これほどの人材流出が起きているのは、スタッフがやりがいを見いだせていない証拠です。

この状況を放置していては、いくら優れた経営計画を立てても実現は不可能だと悟りました。

現場主義を示すため、私はまず自ら行動を起こす必要があると考え、「お出迎え」を始めました。入場口に立ち、お客さまを笑顔で迎え入れる。最初の頃は、スタッフの間で「坂口さんは何をしているんだ」と不思議がる声が聞こえました。しかし、この活動を通じて、私の真意を少しずつ理解してもらえるようになりました。

お出迎えを続ける中で、多くのお客さまと直接対話する機会を得ました。「今日はどんなイベントがあるのか」と尋ねられたり、「園内の地図が見づらい」と苦情をいただくこともあります。そのたびに、現場でしか得られない課題が見えてきます。例えば、お客さまの導線がわかりにくいという意見を受け、園内マップの改善を提案しました。

また園内を歩いて、落ちているゴミを拾っていると社員が後ろから寄ってきて、

入場口でお客さまに手を振る「ウェルカム」は1400回実践した

「清掃のスタッフがいるのに」と言うので、「清掃のスタッフは、何時間に1回しか来ないので、その間にみんな気づいたら拾った方がよくない?」と答えました。すると、「そうですね、私も拾うようにします」と言ってくれ、だんだんその輪が広がり、園内はほとんどゴミが見当たらなくなりました。

この活動の背景にあったのは、「現場を大切にする」という明確なメッセージを伝えたいという思いでした。口で「現場を大切にする」と言うのは簡単です。しかし、毎朝の活動を通じてそれを態度で示すことで、スタッフに経営方針を理解してもらうことができていったと思います。

重ねたウェルカムでの挨拶の中で、スタッフたちの意識も徐々に変化していきました。先述の通り、アトラクション「光のファンタジアシティ」のオープニングに向けて本部長からスタッフに「手を振るように」とお願いしてもらいました。これを契機に、多くのスタッフが自発的にお客さまを笑顔で迎えるようになり、園内の雰囲気が目に見えて明るくなりました。

2024年の最終出社日のお出迎えの日、あるスタッフが私に「この5年間で、現場が本当に変わりました。坂口さんのおかげです」と声をかけてくれました。その言葉を聞いたとき、私は、現場主義を貫いたことでハウステンボスが再び活気を取り戻したことを実感しました。

この経験を通じて確信したのは、「経営者の役割は現場とともにある」ということです。数字や資料の上で描かれた計画が成功するかどうかは、現場のスタッフがその計画を信じ、動いてくれるかにかかっています。

現場を動かす力は、上からの命令では生まれません。

経営者自身が現場の一員として汗をかき、現場の声に耳を傾けることで初めて実現するのだと考えています。

第五章

「リーダーの使命」は人と組織が育つ風土を作ること

「インセンティブがほしくて仕事をしているわけではありません」

エイチ・アイ・エス人事担当執行役員の頃

エイチ・アイ・エスにおける人事制度の改革は、私にとって大きな挑戦でした。

入社当時、エイチ・アイ・エスは最高益を記録しており、一見すると問題のない組織に見えました。しかし、内部に目を向けると、人事制度にいくつもの課題を抱えていることがわかりました。大きな課題としては業績給（インセンティブ給）を中心とした給与体系の偏りがありました。

エイチ・アイ・エスの給与体系は、業績給による報酬の増減が非常に激しいものでした。象徴的なものに「エイチ・アイ・エス ドリーム」と呼ばれる、売上に応じたキックバックにも等しい業績給制度がありました。しかし、店舗間の客数や立地条件による売上の差異が大きいため、売上の高い店舗へ異動した社員の給与が増加する一方、地方の閑散店舗へ異動した社員は給与が減るという事態も発生していました。これは社員自身の努力や能力だけでは埋められない不公平な格差を生み出していました。

あるとき、市街地のある店舗から地方の新設店舗へ異動した社員と面談する機会がありました。優秀だからこそ新店舗を任される期待を背負いながらも、顧客の少ない環境では売上が上がらず、結果的に手取りが減ったといいます。「何のために異動したのかわからない」と彼女は訴えました。このような声は、改革の必要性を私に強く認識させるものでした。

業績給の影響は、店舗の運営にも及んでいました。お客さまから旅行先の変更や、入金などの要望があった際に、応対が不十分であるとの苦情が寄せられていました。社員が売上につながらない顧客対応にかける時間を、業績給アップの妨げと感じる風潮が広がり、本来、顧客満足度を高めるべき接客の質が低下していたのです。

旅行から帰ってきたお客さまが感謝を伝えたり、お土産を持参したりする場面でも、心からの対応が失われている場合もありました。「お客さまの話を聞いている間に隣の席の同僚は次の注文を取っている」と思うと、お礼の言葉すら負担に感じるようになるスタッフさえいました。これでは顧客満足度が下がってしまいます。

そして、単純に個人の実績で評価するのではなく、チームで成果を出した顧客満足度や、業務貢献度も考慮した新しい評価制度の導入を提案しました。特に、店舗間の条件差を平準化し、社員がどの店舗に異動しても公平に評価される仕組みを構築することを目指しました。

また、この改革を進める際に、「お客さまのために」という本来のエイチ・アイ・エスの存在意義を社員一人ひとりに再確認してもらうことに重点を置きました。「あなたたちは旅行が好きでこの仕事を選んだのではないですか？　お客さまからお土産をいただくような感謝の気持ちを、心から喜べる職場であるべきです」と訴え続けました。このメッセージが、次第に現場に浸透していきました。

個人業績ではなく、チーム業績で評価する仕組みを全社に導入しようとしていた中、ある営業本部長から、年間150万円ものインセンティブを受け取っていた若手の女性社員が、こう語ったというのです。

「私はインセンティブがほしくて仕事をしているわけではありません。旅行が好きでエイチ・アイ・エスに入社し、旅行を紹介することでお客さまの笑顔を見たいと思っています。私が成績を上げられているのは、リピーターのお客さまが多いからです。でも最近、インセンティブほしさに顧客対応が疎かになっている社員が増えているのは由々しき問題です。この制度はなくしていいと思います」

その社員はこう続けました。

「年収が150万円減ることにはなりますが、昇格して年俸を上げるよう努力します。エイチ・アイ・エスが本来の存在意義を取り戻すために必要なら、この制度がなくなることに賛成です」

彼女の言葉に、私はとても感動し、「エイチ・アイ・エスは旅行を通じて人々に喜びと感動を提供するために存在している」という理念を体現する社員がいたからこそ急成長したはずで、まだまだこのような社員がいる限り、会社が良い方向に変わる可能性が絶対にあると感じました。

エイチ・アイ・エスの人事改革を通じて私が学んだのは、制度の変革は時間がかかるものの、社員の意識改革がその基盤を築くということです。改革の成功の鍵は現場の声を真摯に聞き、共有されたビジョンを育てることにあるのです。

本当の人間尊重とは

ユニ・チャーム 人事係長の頃

経営において「人間尊重」とは単なる理念ではなく、具体的な行動として示されるべきものです。私がユニ・チャームで経験した出来事は、その重要性を深く実感させるものでした。

あるとき、P&Gが日本の生理用品市場に参入し、ユニ・チャームはシェアを大きく奪われて業界3位に転落しました。この危機的状況に直面し、当時の高原慶一朗社長は、経営の6資源（ヒト、モノ、カネ、時間、情報、知的財産）に加え、「競合」を新たな資源と捉える考えを打ち出しました。競合からも学ぶことができるというのが、その理由でした。組織にこうした哲学があったので、外部の知見は積極的に取り入れていました。

特に、NPS（ニュー・プロダクション・システム）研究会の活用が重要な転機となりました。NPS研究会は、トヨタ生産方式の基盤を活かしながら、製造現場の無駄を徹底的に排除し、効率的な生産を目指す活動を推進する団体です。

NPS研究会の具体的な活動内容として、巡回研究会の開催による改善事例の共有、標準作業トレーナー教育を通じた現場の効率化、設備研修所での実践的な技術者教育などが挙げられます。これらの取り組みは、単なる生産性の向上にとどまらず、社員の時間を尊重する姿勢を現場に根付かせ、結果として働く意義を再確認する契機となったのです。トヨタには「モノやお金を盗めば泥棒といわれるが、人の大事な時間を無駄にしても、罪に問われないことが理解できない」という思想があると学びました。社員の時間を無駄にしないことが経営者としての重要な責務であるということです。無意味な業務や納得感のない仕事を強いることは、社員の貴重な時間を奪う行為であり、結果として組織全体の活力を損ないます。だからこそ、業務の目的や意義を明確にし、社員が納得して取り組める環境を整えることが重要です。

経営者として、社員一人ひとりの時間と労力を尊重し、無駄を排除し、納得感のある業務環境を提供すること。これこそが「本当の人間尊重」であり、組織の持続的な成長と発展の鍵であることを学びました。

新たな幹部層育成から始まったグローバル戦略

ユニ・チャーム 人事係長の頃

ユニ・チャームが海外市場への進出を本格化し始めた頃、専務に就任した伊藤建彦さんがこんなことを口にしました。

「日本のマネジメントは海外では通用しない」

国内で築いてきた成功体験や組織文化が海外では歯が立たない、という上司の言葉は、当時の私にとって衝撃でした。この専務の登場が、ユニ・チャームの人材育成にとって大きな転換点となりました。

伊藤さんは富士（現・みずほ）銀行でニューヨーク支店長を務め、数々の実績を上げた経歴を持つ人物です。その後、同銀行で取締役に就任するも、為替取引で大きな責任を負い退職。

ユニ・チャームに中途入社した際には、すでに豊富な国際経験と鋭い経営センスを持ち合わせたプロフェッショナルとして広く知られていました。その経歴からも、海外事業に対する洞察力と危機感が際立っており、ユニ・チャームにおけるグローバル展開を主導する適任者として期待されていたのです。

グローバル展開を進める中で直面した最大の課題は、マネジメント能力の欠如でした。当時の日本の管理職は、上司からの指示を待ち、それを忠実に実行することに慣れていました。しかし海外では、それでは通用しません。現地の社員は自分が納得しなければ動きませんし、リーダーには説明責任と説得力が求められます。「説得できるリーダーを育てるべきだ」と伊藤さんは強調しました。この考えを具現化するため、ユニ・チャームは「ミドル・マネジメント・ボード」と呼ぶ、いわゆる社内ビジネスカレッジと呼ばれる社内研修制度を創設しました。この研修の導入には、草創期のグロービスとの連携がありました。グロービスが企業内研修を初めて手がけたのがユニ・チャームだったのです。

ビジネスカレッジでは、経営学の基礎からリーダーシップの実践まで幅広いカリキュラムが用意されました。また、それ以前には若手社員向けの「ジュニアボード」も設立されました。これは、30歳前後の社員が経営陣に直接提言する場です。あるジュニアボードのメンバーは、役員会議で「役員の話がターゲットを明確にしていない」「長々と話して要点がわからない」と大胆に指摘しました。

予想通り役員たちは憤慨しましたが、高原慶一朗社長がその場を収め、「若手の意見をしっかり受け止めよう」と言ってくれました。この一連のやり取りが、社内の心理的安全性を高め、組織の活性化につながったのです。

また、グローバル展開の中で、現地社員の能力開発も重要視されました。例えば、新興国での研修では、「その国特有の文化や商習慣に基づく柔軟な発想力」を磨くことに注力しました。これにより、現地の社員が自主的に問題を解決し、主体的に動ける環境が整いました。

伊藤さんがユニ・チャームにもたらした「グローバルな視点」と「納得型リーダーシップ」の重要性は、その後の会社の発展に大きく寄与しました。そして、それは単なる海外戦略の話ではなく、国内外を問わず社員一人ひとりが「主体的に考え、動く」文化を醸成するための基盤ともなりました。

「人を活かす経営」とは、指示を待つのではなく、社員が自身の役割を納得し、成果を創出する環境を整えることに他なりません。

求める人材と目指すべき人物像

ユニ・チャーム 人事グループ部長　ハウステンボス 社長　長崎県公立大学法人 理事長の頃

私は長年、採用の場面で学生や若者たちと向き合い、彼らの可能性を見極める仕事に携わってきました。ユニ・チャーム時代、そしてエイチ・アイ・エス時代のいずれにおいても、「自分で考え、自分で決断し、自分の行動に責任を持ち、チームで成果を出せる人材」を一貫して求めてきました。それは、単なるスローガンではなく、採用の面接で具体的な質問を投げかけることでその姿勢を確認する、という地道な作業の積み重ねでした。

面接では、例えば「複数の会社から内定をもらったとして、どのようにして最終的に1社を選びますか?」という質問をよく投げかけていました。

この問いに対し、「親や先生に相談して決めます」と答える学生も少なくありません。その理由を尋ねると、「経験豊富な人の意見が間違いないからすすめられた企業にします」という答えが返ってくるときがあります。しかし、こう答えた学生を私は採用しませんでした。自分の人生の重要な決断を他人に委ねる姿勢では、仕事の現場で主体的に判断する力や責任感を持つことは難しいと考えたからです。

ハウステンボスではアルバイトの学生たちに対して、「金銭的報酬と精神的報酬の違い」を伝えることを心がけました。「アルバイトは時給をもらうだけの仕事ではない。自分の工夫や行動がお客さまに喜ばれることで得られる喜びが、精神的報酬です」と語り、「その精神的報酬を経験することで、働くことの本当の意味を理解してほしい」と訴えました。この考え方が、アルバイトの学生たちにとって将来の就職活動で自己ＰＲの材料になればと期待しました。

さらに、「学生の立場だから」という意識を取り除くことにも力を入れました。アルバイトの立場でも、ターゲット層の一つである学生目線での改善提案が重要だと考え、「案内の仕方やイベントのレイアウトなどについて気づいたことをどんどん提案してほしい。それが採用されることで成功体験が得られ、成長につながる」と話しました。このような姿勢を持つ人材こそ採用に値する価値がある、と考えています。

現在、長崎県公立大学法人の理事長としても、私は学生の主体性を重視した教育が重要だと問題提起しています。インターンシップに行く学生には「言われたことをこなすだけではなく、なぜその仕事をするのかをぜひ尋ねてみてください」と伝えています。「何のためにこの仕事が必要なのか」を丁寧に説明してくれる企業は、学びの質も高いものです。

私が採用面接や教育を通じて伝えたいのは、「何のためにその仕事をするのか」「その経験をどう次に活かすのか」を常に考えることの重要性です。ただの「指示待ち人間」ではなく、自ら考え、行動し、成長できる人材こそが、これからの社会を形作る力になると信じています。そして何よりも、「金銭的報酬だけでなく、精神的報酬を求める姿勢」を持った人材は、どんな現場でも必ず信頼を得て活躍する存在となるでしょう。

第六章

「納得」は国境を越える

勝つための3つの柱

ユニ・チャーム台湾 副社長の頃

2006年1月、私は台湾に赴任しました。当時、現地の事業は苦境に立たされており、減収減益が続いていました。競合にはP&Gやキンバリークラーク、そして日本の大手企業が控えており、財力や人的資源で勝つことは容易ではありませんでした。しかし、私はそこで新しい考え方と戦略を導入し、道を切り開くことに挑みました。

現場では「販促費がないから売れない」といった声が繰り返されていました。多くの社員が、競合の豊富な資金力や人的資源を理由に後ろ向きになっていたのです。しかし、私は次のように言いました。

「P&Gやキンバリークラークと同じ土俵で戦っても勝てません。彼らの利益額は、私たちの売上規模と同じくらいです。しかし、戦う場を変えればチャンスがあります」

リソースの限界を補うために、6つの経営資源である「ヒト・モノ・カネ・時間・情報・知的財産」のうちから咀嚼《そしゃく》して、私は「モノの良さ」「スピード」「情報量」の3つに絞った柱を掲げました。この戦略は、競合より強い武器を使い勝利をつかむというものです。

商品そのものの品質には、当初から自信がありました。私たちの商品は市場で高い評価を得ており、競合に対しても品質で劣ることはありませんでした。そのため、「モノの良さ」に関してはその強みをどのように伝え、活用するかが鍵だったのです。

そこで、営業やマーケティングチームには「自信を持って商品を語りなさい」と伝えました。商品が「消費者や取引先にとってどれだけ価値があるのか」を、自分たちがしっかり理解し、熱意を持って伝えることが重要だと感じていました。

P&Gやキンバリークラークは規模が大きいため、意思決定や行動が遅れる場面もあります。私はその隙をつくことを決めました。

「他社が1カ月かける提案を、私たちは1週間で行う」

「市場での動きを常に先取りする」

このように、「時間」という資源には「スピード」と「タイミング」が含まれます。ここで言う「スピード」は、活動を展開するのにかかる時間や、商品リリースまでにかかる時間を短くすることです。「タイミング」は、競合よりも一歩早く動くことであり、こうすることで市場での存在感を高めました。実際に、競合が商品展開を計画する間に、私たちは新しいパッケージやプロモーションを迅速に導入し、先行者利益を確保しました。

市場での成功は、製品の良さだけではなく、取引先との信頼関係に依拠します。そこで、私は営業チームに次のように伝えました。

「取引先に商品を売るのではなく、彼らの課題を一緒に解決するパートナーとなりましょう」

「店頭の売れる技術や、消費者が求める情報を提供することで、売り場の信頼を得ることが大切です」

営業チームには、単なる販売員ではなく取引先の成長を支援するコンサルタントとして活動することを求めました。その結果、取引先の売上や利益の向上に貢献することで、双方の成功を実現できたのです。

競争が激化する市場では、すべてのリソースを最適化し、「納得できる戦略」で勝つことが求められます。私が台湾で学んだのは、リソースの多寡《たか》にかかわらず、何をどのように活用するかで結果が変わるということです。

仲が悪いと誰が得をする?

ユニ・チャーム台湾 副社長の頃

赴任した台湾の職場の雰囲気ですが、当初はお世辞にも良いものと言えませんでした。営業や、マーケティング部門、工場、それぞれの部署が互いに不満を募らせ、お互いの悪いところばかりをあげつらう、そんな状況でした。営業は「マーケティングが役に立たない」と嘆き、マーケティング部門は「営業が計画通りに動いてくれない」と不満を口にする。そして工場は「自分たちは必死で働いているのに、作ったものには文句を言われる」とぼやいていました。

「みんな、仲が悪くて喜ぶのは誰ですか?」

この質問に、最初は沈黙が続きました。やがて「誰も得しないですよね」とつぶやく者がいましたが、私はこう続けました。

「いや、競争相手が喜びます。競争相手を喜ばせるためにみんなは仲良くしないのですか？」

一瞬、その場の時間が止まったようになりました。私はさらに問いかけました。

「結局、我々が働く理由は何でしょうか？　お客さまに喜んでもらうためではないでしょうか？」

問題解決の第一歩として、私は一緒に売り場へ行くことを提案しました。営業、マーケティング、工場のメンバーを一緒にし、競合の製品がどのように店頭で陳列されているか、我々の商品がどのように見られているかを実際に視察確認するようにしました。

条件は一つだけ。「現場で他部門の悪口を言わないこと」。目的は、他部署の欠点を指摘することではなく、顧客や競合の動きを観察し、自分たちが何を改善すべきかを考えることでした。

売り場に立つことで、メンバーの視点が変わりました。営業は「こんなにマーケティングが努力しているなんて知らなかった」と語り、工場のスタッフは「営業が現場でどれだけ苦労しているか初めてわかった」と感想を漏らしました。一緒に昼食や夕食を取りながら話すうちに、互いへの理解が深まり、「自分だけが苦労している」という思い込みが消えていきました。

現場視察の翌日には、全員で改善案を出し合い、その内容を翌月からの四半期の販売戦略に反映させるプロセスを繰り返しました。営業、マーケティング、工場が一体となり、それぞれの課題を共有しながら解決策を考えることで、計画の「納得感」が飛躍的に高まりました。

以前は「上から降りてくる」と感じていた計画も、自分たちが主体的に作り上げたものになると、「この計画は絶対に実行できる」と胸を張る社員が増えていきました。その結果、実際の業績も劇的に向上しました。

さらに、チーム内の信頼関係が深まり、以前のような不満や悪口がほとんど聞かれなくなりました。営業の現場では、お客さまへの説明が具体的になり、「この商品を使えば、必ずお客さまが喜んでくれる」と自信を持って語るようになりました。その熱意が信頼につながり、商談の成功率も大幅に向上しました。

この経験を通じて学んだのは、社内の関係性がお客さまの満足度や事業成果に直結するということです。組織内の不和は、外部の競争相手にとって最も都合が良い状況です。だからこそ、互いを理解し、協力し合うことが不可欠です。

紙おむつのインク実験と内発的動機付け

ユニ・チャーム台湾 副社長の頃

台湾に赴任すると、生理用品はトップメーカーでしたが、紙おむつ事業はまだ2位でした。その原因を調べていくと、リピート率が悪いことでした。モノそのものは良いはずなのに、異物混入の苦情が多く発生していたためでした。工場に行ってみると、女性社員が帽子をかぶっていますが、前髪が帽子からはみ出ています。かわいいのですが、何のための帽子なのか？ と思ってしまいました。そこで、工場長に「せっかくモノが良いのにもったいない。これを改善しなければならない！」と要請しました。すると、工場長は、「わかりました。すぐに着帽の徹底と、掃除の徹底をします。できていない者は厳罰に処します」と言いました。

新任で私が来たものだから、気合が入っていたのでしょうが、私はそんなことでは改善はできないと思いました。工場長に「ルールを厳しくして罰を与えても、あなたが見ているときにしか、帽子をちゃんとかぶらないと思うよ。誰かが、『おーい、工場長が来たぞ！』と言って、みんなが帽子をかぶりだすようになると思うよ」と言いました。

そして、自分がとった方法は、工場の現場の人を集めての勉強会でした。みんなの前には①自社の紙おむつである『マミーポコ』、②他社商品A、③他社商品B、④他社商品Cの4つを並べました。そして人工尿として、生理的食塩水に青インクで着色したものを、それぞれに50 ccずつ同時に紙おむつに入れて、吸収紙をかぶせ、その上に重りを置いて、10秒後に一斉に吸収紙を裏返します。

すると、自社の『マミーポコ』だけ、吸収紙が真っ白のままで、他社の製品は程度の差はありますが、吸収紙に青い人工尿が戻っています。これを見て、工場のメンバーは「おぉ～」と歓声を上げます。間髪を入れずに、私は「すごくない⁉」と促します。みんな「すごいですねぇ～」と答えてくれます。

「君たちの作っている『マミーポコ』は、こんなにすごいんだよ！　もっと誇りを持ってよ！」

メンバーは声をそろえて「そうですね、家族に自慢できます」と言ってくれます。

工場のメンバーは、何センチ×何センチとか、吸収量は何ccとかという製品の規格はよく知っていますが、他社と比べて自分たちの作っているものがどのくらいすごいのかを知らないのです。社内における商品説明会は、マーケティング部門から営業に対してはやっていますが、それ以外の社員にはやっていませんでした。

「こんなにすごい商品に、君たちの髪の毛が入っていたら、もったいないと思わない？」と促します。すると悪びれるそぶりもなく、すごく合点がいった表情で、「もったいないです」と言ってくれました。「だったら、みんな帽子をまじめにかぶってよ！」とお願いすると、みんな「ちゃんとかぶるようにします」と約束してくれました。

続けて、「こんな素晴らしい商品に、機械の油が落ちたり、機械に溜まったほこりが入ったりすると、もったいないと思わない？」と尋ねました。もちろん「もったいないです！」と返ってきます。「だったら一生懸命、機械を掃除してよ」とお願いすると、「絶対にちゃんと掃除します」と答えてくれました。

その後の結果は、明らかに変化が起こりました。異物混入が激減したのです！　そしてリピート率が向上し、その後のナンバーワンになるための土台を作ってくれました。

いかがでしょうか？　工場長がルールを厳しく徹底して、「帽子をかぶれ！　掃除をしろ、しないと罰を与える」としていたとしたら、本当に徹底できたでしょうか？

工場のメンバーにとって、帽子をかぶること、掃除をすることは、とても面倒なことです。だから普通はちゃんとやらない。しかし、その面倒なことをすることが、自分たちの誇りになるとわかったとたんに、自ら実践していこうとなりました。

このような動機付けを人事用語で「内発的動機付け」と言います。それとは反対の、やらない人に罰を与える方法のことを「外発的動機付け」と言います。私は人事が長かったおかげで、社員をお客さまと考えるようになり、外発的動機付けをやめて、内発的動機付けになるように働きかけてきました。

台湾の紙おむつのインク実験の例は、やらされ感でやるのではなく、やりたいと思ってもらえることの素晴らしさをご理解いただけたと思います。

台湾でもやめた嘘の売上

ユニ・チャーム台湾 副社長の頃

数字だけを追いかけるのは本当の成功ではない。私はユニ・チャーム台湾法人駐在中、何度もそう痛感しました。その中でも第一章でも少し触れた、現地の営業活動で「押し込み販売」の文化を変えたエピソードは特に印象深い出来事です。

台湾に赴任した当初、現地法人では営業数字を達成するため、問屋の倉庫にほしがられてもいない商品を過剰に在庫として押し込んで、売上を作ることが横行していました。このやり方を私は「合法的な粉飾決算」と呼び、「こんなばかげたことは即刻やめるべきです」と厳しく指摘しました。「卸店に在庫を押し込むのは売上ではない。店頭で売れる商品が本当の売上です」。私はこの方針を明確にし、押し込み販売を一切禁止することを宣言しました。

しかし、この方針転換は現場に大きな衝撃を与えました。売上目標は10カ月間にわたり未達成が続き、本社からも「これで本当にやっていけるのか」という声が上がりました。それでも私は信念を貫き、数字合わせではなく、現場に根ざした「納得できる売上」を目指す方針を徹底しました。

営業会議では、いわゆる「報告のための報告」として作られた、上は喜びそうだけれども実現不可能な目標が出てくるたびに、「嘘をつく必要はない。現場でのデータをもとに、本当に達成可能な数字を立ててほしい」と繰り返し伝え、現状と目標との差を具体化し、それを埋めるためのアクションを全員で考えました。

10カ月連続で未達成が続き、11カ月目も未達成と思っていたら、急に最後の2日で達成しました。しかし、これは問屋の在庫を増やしての達成だったので、私は、営業本部長、営業企画部長、支店長を集めて、「何で達成したんだ!」と問い詰めました。「せっかく10カ月我慢をして、正常になりつつあったのに!」。みんなは一言も発しませんでした。

あとで聞くと、「営業を長くやっているが、達成して怒られたのは初めてだ。しかし、坂口さんの改革意欲は中途半端ではないことがよくわかった」ということでした。改革の成果が出始めたのはその翌月からでした。その後、連続達成は安定的に続き、43カ月連続達成という記録を打ち立てました。達成感は大きく、営業スタッフたちは「営業を20年やってきたが、こんな記録は初めてだ」と語りました。

しかし、私は43カ月目の達成報告を受けた瞬間、直感的に「おかしい」と感じました。直近の1週間の数字の推移を見る限り、目標達成はありえないことがわかっていたからです。私は営業幹部を呼び、「なぜ、誤魔化して達成した!」と厳しく叱責しました。

彼らはしばらく黙っていましたが、やがて本音を漏らしました。「こんなに長く目標達成が続いたことはありませんでした。達成が途切れるのが残念だったのです。それに、坂口さんのためにも達成したかった」。彼らの言葉に、私は一瞬、彼らの私への思いを感じとりましたが、それでもこう答えるしかありませんでした。「連続達成が途切れた月こそ、本当の課題を見つけるチャンスだった。達成にこだわるあまり在庫を押し込む数字作りを行ったんだろう?」

そして、こう喩え諭すことにしました。

「人間ドックで検査を受けるときに、お腹をへこませて測ったら、正確な健康状態がわからないのと同じだ。連続達成の記録に囚われて嘘をついていたら、組織の本当の課題を見つけることはできない」。営業スタッフは「達成して怒られるのはこれで2度目だ」としつつも、あえて反論せず、自らの甘さを認めてくれました。

44カ月目には目標未達成となりましたが、営業チームは課題を具体化し、新しい販売戦略を模索するようになりました。その結果、翌月からはまた達成を始め、連続達成の記録は自分が台湾を離れた後も続き、その後80カ月へと伸びました。「43カ月の連続達成」と合わせるとおよそ10年になります。そして、この記録を支えたのは、単なる数字ではなく、現場の真実を反映した「納得感」のあるプロセスでした。

台湾法人の離職率も、赴任以前は非常に高かったのが、3分の1程度にまで減少しました。43カ月達成、80カ月達成は、単なる成功物語ではなく、改革を継続し、常に課題を明確にする姿勢と、共感して協力をしてくれたメンバーの皆さんが生んだ成果です。この経験は、「記録に囚われず、真実を追求する」ことの重要性を示していきます。数字の達成は結果であり、それを正直に見つめることで初めて組織は進化できるのです。

小売店のチャンスロスを台湾でも解消

ユニ・チャーム 営業本部東京支店・同社台湾 副社長の頃

小売店の売り場で発生する「チャンスロス」を防ぐこと。それはお客さまの満足度を高めるだけでなく、企業の成長に直結する重要な課題です。台湾に駐在した際の成功事例は、日本で営業の一メンバーだったときの横展開でした。

東京支店で、スーパーマーケット「ライフ」を担当していたときのことです。バイヤーに「売れ筋商品を分析し、在庫を最適化することで売上を大幅に向上させることができます」と提案を持ちかけました。売れ筋商品の陳列を2列、3列に増やし、不人気商品を棚から減らす。こうした基本的な改善でも、限られた棚スペースの効率を最大化する計画を示しました。

さらに私は、各店舗の周辺地域に住む人口データをもとに、店舗ごとの売上ポテンシャルを評価し、各店舗の売上シェアを算出して、販売計画を立てることを提案しました。店舗のターゲットになるお客さまがその地域にどれくらいいるのか、商圏人口を分析することで戦略を立てやすくなります。こうした分析により、商圏内シェアが高い店舗と低い店舗の違いが浮き彫りになり、それぞれに適した改善策を提案しました。「売れるべき商品が欠品する状況を改善すれば、お客さまの満足度が上がり、売上も必ず伸びます」と力強く説明しました。

当初、バイヤーはデータ提供に慎重でした。「POSデータ（販売時点情報管理）は企業機密であり、外部には提供できません」と断られましたが、「私はバイヤーの部下と思ってください。お金がかからない部下が一人増えたと思って、店舗ごとの商圏人口や基本的な販売データを提供していただければ、それをもとにバイヤーが時間がなくて分析できない、店舗ごとの最適な品ぞろえを提案します」と説得を続けた結果、データを提供してもらうことができました。

結果的に、生理用品カテゴリートータルの売上は前年比およそ110％、ユニ・チャームの生理用品の売上は前年比およそ120％となりました。

私は、この経験を台湾でも活かすことにしました。当時の台湾法人では、先にも述べた通りP&Gやキンバリークラークといった外資系大手との競争が激化していました。私たちは人材や販促費用で圧倒的に不利な立場にあり、同じ土俵で戦っても勝ち目はありません。そこで私は、台湾の営業スタッフに「取引先のコンサルタントになれ」と繰り返し伝えました。

取引先の店舗データを用いてABC分析をし、情報提供をすることにしました。ABC分析は、売上などの評価軸をもとに、重要度別にランクづけをし、グラフなどで見える化した上で、商品管理の最適化を目指すものです。店舗の商品ごとの売り場データを細かく分析し、どの商品が売れているのか、どの商品が棚で滞っているのかを明確にしました。そして、売れ筋商品にもっと力を入れるべきだと提案しました。

また、「カテゴリードクター」という考え方も取り入れました。これは、取引先の特定のカテゴリー（例えばベビー用紙おむつや生理用品）に関するスペシャリストとして、適切な商品の組み合わせや販促計画を提案する役割を担うことです。単に商品の売上を上げるだけでなく、そのカテゴリー全体の価値を高め、売り場をより魅力的にするという視点です。例えば、新商品の導入を提案する際には、従来の商品をどのタイミングで値引きし、どのように新商品と並べるべきかまでを詳細にシミュレーションし、実行可能な形で提案しました。

こうした取り組みの中で、営業スタッフたちは徐々に変わっていきました。売上目当ての売りっぱなし営業ではなく、真に役立つことを高めようと、それまで取引先のバイヤーに頼み込むだけのスタイルだった営業が「提案型営業」へと進化したのです。

あるバイヤーからは、「これまでにないレベルでこちらの課題に寄り添ってくれる営業だ」と評価され、信頼を獲得しました。さらには、「この提案を採用することで、全体の収益が上がった」との言葉もいただき、結果として自社製品の導入率が大幅に増加しました。

これらの成功は、単なる商品提案にとどまらず、取引先のビジネス全体の成長を目指す姿勢がもたらしたものでした。営業スタッフが取引先のコンサルタントとして動くことで、顧客との関係は単なる「売り手」と「買い手」から、より深い信頼に基づく「ビジネスパートナー」へと変わっていったのです。

この経験が示すのは、単に商品を売るだけでは限界があるということです。顧客の課題を深く理解し、お客さまの成功を第一に考える姿勢が、結果的に自社の競争力を高めることにつながります。

台湾で大手のコスメグッズチェーン、ワトソンズの副社長にも説明を行いました。「耳の痛い話もするかもしれませんが、目的は文句を言うことではありません。売り場全体の効率を最大化し、販売機会を増やすご提案です」と率直に伝えました。

この商談は大きな反響を呼び、ワトソンズ本社が香港にあることから、副社長の指示で提案内容を英語に翻訳し、香港本社にも共有されました。

この取り組みの結果、売り場の効率が向上し、売れ筋商品の欠品が減少。顧客満足度も向上し、ワトソンズの生理用品全体の売上が改善しました。ユニ・チャームは単なる生理用品メーカーとしてではなく、「売り場全体を活性化させるパートナー」として信頼を得ることができたのです。

台湾での挑戦は、私にとっても学びの連続でした。販売データの分析といった普遍的な手法、そしてその動機となる、お客さまのために真摯に役に立とうという姿勢は、国境を越えても有効であることを改めて実感しました。

「正しいことをやり続ければ、成果は必ずついてくる」

この信念のもと、私は日本で実践した「チャンスロスを解消する」という取り組みを台湾でも貫きました。その結果、ユニ・チャームの製品のみならず生理用品カテゴリー全体の売上向上に寄与できたことは、私にとって大きな誇りです。

「君のやっていることは正しい」

ユニ・チャーム台湾 副社長の頃

経営の現場では、優先順位が日々問われますが、台湾での経験はその本質を深く考えさせられるものでした。

私が台湾の市場で直面した課題は、生理用品マーケットの次なる成長をどう描くかというものでした。当時、台湾におけるタンポンの市場構成比は1％以下。一方で、日本では約10％、欧米では40％という状況でした。私は、この明確なギャップを埋めることこそ、台湾市場の新たな成長戦略だと考えていました。

日本本社での取締役会における諮問会議で私は、台湾の戦略の2番目に「タンポン市場への参入」を掲げる提案を行いました。しかし、会議では「売上が見込めない商品をなぜ上位戦略に置くのか」「短期的な利益に寄与せず、即効性のある施策とは言いがたい」といった批判が相次ぎました。そのとき、私を支えていただいたのは、やはり平田雅彦さんの存在でした。

先にも触れた通り平田さんは、松下電器産業（現・パナソニック）で松下幸之助さんのもと副社長を務められたあと、60代でユニ・チャームに参画されました。その豊富な経験をもとに、経営者としての理念を実践する姿勢を私たちに示してくださった方です。平田さんは「普通の人がきれいごとだと思うことを実践し、成果につなげる」ことを重視し、その重要性を私たちに説き続けられました。

会議の中で平田さんはこう言われました。

「確かに今の売上規模や市場の状況を見れば、タンポン市場は小さい。しかし、誰も注目していない市場だからこそ、戦略的に優先順位を上げる意義がある。短期の数字ではなく、長期的なビジョンで挑戦することが重要だ」

その言葉に、私は深く励まされました。

台湾市場でこの戦略を進めるため、私は現地の社員たちと徹底的に対話を重ねました。「短期的な利益を追求するだけではなく、長期的な市場形成を目指すこと」の重要性を繰り返し説明しました。ロングテールの普及率を高めることが、ユニ・チャームのプレゼンスを高めると確信し、熱っぽく訴えました。

平田さんは常々「現場のスタッフが会社の価値を決めている」「社員が納得して仕事に取り組むことが成果を生む」と語っておられました。この言葉は、私が台湾での経営において最も重視する指針となりました。社員一人ひとりが、自分たちの仕事の意義を理解し、納得して行動できる環境を作ることで、組織全体の士気を高めることを目指したのです。

半年に一度の戦略承認会議では再び批判が寄せられましたが、平田さんのフォローを受け、私は戦略を推し進めることができました。このプロセスで得た経験は、私にとって非常に大きな学びとなりました。

オーストラリアでも「納得」「説得」

ユニ・チャーム 常務執行役員の頃

ユニ・チャームの常務に就任した際、私はオーストラリア法人の担当を任されました。その背景には、同地域の工場経営が抱えていた非効率性がありました。

オーストラリアの会社は、ファンドから買収した会社で、その工場は生産設備が老朽化し、品質のばらつきも大きい状況でした。社員教育も十分でなく、組織の士気も高いとは言えませんでした。その一方で、インドネシアにあるユニ・チャームの工場は最新鋭の設備を持ち、日勤あたりの労務費もオーストラリアと比較して圧倒的なコスト優位性を持っていました。こうした状況を鑑みれば、オーストラリアの工場を閉鎖し、インドネシアで生産した製品を輸入する方が合理的な判断と言えました。

私が「工場を閉鎖すべき」と提案した際、現地法人の社長を務める後輩からは反対の声が上がりました。「坂口さんはいつも『人間尊重』を掲げてきたではありませんか。簡単に工場を閉鎖することがそれに合致するのですか」と。この言葉には、私も一瞬詰まりました。

しかし、私は彼にこう伝えました。

「今の工場は利益も薄く、社員のモチベーションを保つことすら難しい環境だ。こんな状況で働くのは果たして社員のためになるのか。もっと誇りを持って働ける環境に転職を支援する方が、結果的には幸せではないか」

彼は「屁理屈にすぎない」と反論し、議論は平行線をたどりました。

この状況で、私は平田さんに相談を持ちかけました。三元中継のテレビ会議を通じて、台湾にいる私とオーストラリア現地法人社長、日本の平田さんの三者で意見交換を行いました。私は「平田さんにジャッジを仰げば道筋が見える」と期待していたのですが、平田さんの答えは意外なものでした。「私にはどちらが正しいか判断できない。しかし、坂口くん、君が権威の力で結論を押し通すのは間違っている。必ず現地の社長と納得のいく結論を出しなさい」と。そしてさらに現地法人社長にはこう続けられました。「君はな、坂口くんが言ってるからやる、というのは絶対やめた方がいいぞ。納得するまでやりなさい」と。

私はこの言葉に驚きましたが、同時にその意味を深く理解しました。共に腹落ちする結論を目指すべきだという平田さんの信念が、ここにも貫かれていたのです。

私は現地の幹部社員と徹底的に議論することにしました。工場の幹部5人に集まってもらい、工場の現状と課題をすべて共有しました。そして、「私の考えは工場閉鎖だが、これから半年の間に代替案があれば提示してほしい」と伝えたのです。また、インドネシアの工場を実際に見学する機会も設け、最新の生産環境とその優位性を直接体験してもらいました。

半年後、工場長がこう切り出しました。「坂口さん、我々も考え抜きました。やはり工場を閉鎖すべきです。この状態ではプライドを持って仕事を続けることは難しいです。社員たちが次のステップに進めるよう、私が責任を持って転職を支援します」と。この言葉を聞いたとき、私は彼らの決断の重さに胸を打たれました。

こうして、オーストラリア工場は訴訟や抗議の混乱もなく、円滑に閉鎖することができました。転職支援は現地法人が全面的に行い、多くの社員が次の職場で新しいキャリアを始めることができました。

納得のいく結論を出すには時間と手間がかかります。しかし、相手を説得し、同じ視点に立てるよう努力することが、長期的な信頼関係を築く道です。この経験を通じて私は、「人間尊重」とは単に相手の意見を尊重するだけでなく、共に納得し、前向きな結論を導くプロセスそのものだと学びました。

さらにこのエピソードは、「納得」と「説得」の重要性が国や文化を問わず有用であることを示しています。オーストラリアという異なる文化圏においても、相手を尊重しながら意思をすり合わせる姿勢が、信頼と協力を生む土台となりました。

現代のビジネス環境では、スピードが求められる場面も多々ありますが、急ぎすぎるあまり信頼を損なうリスクも高いと感じます。国や文化が違っても、共に納得し合う過程を丁寧に積み上げることがやはり普遍的な価値を持つ経営の基本である、と確信しています。

第七章

「幸せな人生」の先生

恩師、平田雅彦さん

私の恩師、平田雅彦さんは、松下幸之助さんの〝最後の弟子〟とも呼ばれる方です。松下さんが亡くなる1カ月前、1989年3月に松下記念病院（大阪府守口市）の一室で、当時の経理担当の副社長として平田さんは決算報告をされました。毎月の決算報告では、いつも細かく質問や確認をされる松下さんが、この日はとても静かに平田さんのご報告を聞かれていたそうです。

するなと突然、松下さんが「平田くん、松下の従業員は幸せなのか」と問いかけられたそうです。唐突な質問に戸惑った平田さんは「多くの人は幸せにしていると思います」と答えるのが精いっぱいだったと述懐されています。

帰り道、どうして、どういう意図でそういう質問をされたのか、平田さんは逡巡《しゅんじゅん》され、一つの結論に至ったそうです。

従業員が幸せであるためには、会社の業績が良くなければならない。社会的に支持されていなければならない。職場の環境が良くなければならない。松下さんはそれを最後の最後まで考え、平田さんに託されたのではないか……。

平田さんが社員の幸せを心から願う姿勢の背景に、そうしたエピソードがあったと知ったときは雷に打たれたような衝撃でした。

「納得して仕事をする」ことの重要性を学ばせていただいた平田さんには、感謝しかありません。

ちょうどこの本の執筆に入る直前、2024年5月に平田さんをハウステンボスにお招きしたことがありました。メールなどのやり取りはありましたが、ハウステンボスにお越しになる前まで、しばらく連絡が途絶えていました。ご高齢でもあり心配になって電話をすると、矍鑠《かくしゃく》としておられ、メールのやり取りがなくなったのはパソコンが壊れたからだったそうで、コロナ禍も明け、また恩師との交流が始まりました。

93歳になられた平田さんでしたが、感謝半分、恩師に成長を見てもらいたいという思い半分で、ハウステンボスにお招きしたいことを伝えました。すると平田さんは大

恩師、平田雅彦さんとそのご家族を招き恩返し。右が筆者

喜びしてくださり、来園が叶ったのです。

車いすに乗った平田さんを押して園内を案内したとき、平田さんの背中を見ながら、自分はこの方に仕事観を固めていただいたおかげで幸せになれたと思いながら、静かに心の中で手を合わせました。初めてお会いしたのは25年前、私が44歳で平田さんは68歳でした。

園内のあちらこちらで、平田さんから「わぁ～」という声が漏れるたびに、少しは恩返しができたかなぁと幸せをかみしめていました。

師匠、唐池恒二さん

唐池恒二さんは、私にとって経営の「師匠」と呼ぶべき存在です。唐池さんがＪＲ九州で実践されてきた経営の姿勢や哲学は、私の経営者としての考えに大きな影響を与えてくださいました。

唐池さんは1953年、大阪府生まれ。京都大学法学部を卒業後、日本国有鉄道に入社されました。国鉄分割民営化を経て九州旅客鉄道株式会社（JR九州）へと移り、「ゆふいんの森」や「ななつ星in九州」など、観光列車を活用した地域活性化の数々のプロジェクトを成功させました。2009年には社長に就任し、JR九州を代表する存在となり、その後2014年から会長を務められ、現在は相談役として後進を支えていらっしゃいます。

ハウステンボスの社外取締役として唐池さんをお迎えできたのは、澤田秀雄さんが唐池さんの力を信頼したことに加え、九州財界の一員としてハウステンボス再生に唐池さんご自身が責任を感じておられたことが大きな理由でした。

澤田さんのあとを継いでハウステンボスの社長になることが決定したあとに、唐池さんにご挨拶に行きました。しかし、「澤田さんが退任されるときに、私も退任することを決めていたので」とおっしゃるではありませんか。

絶対に継続してもらいたいという思いで、社長を受けることになったいきさつ、件《くだん》の「年俸はいらない」という覚悟の話をしました。すると、「坂口さん面白いね。きっとハウステンボスは良くなる。ひとまず残りの任期を楽しませてもらうよ」とすぐには良い返事はいただけませんでした。その後、何度もお願いを繰り返し、「そこまで言うなら」とようやくお引き受けいただくこととなりました。

唐池さんは取締役会でもときに異なる意見をお持ちでしたが、それは常に会社の将来を考えられたものでした。EVバス導入の際には、費用対効果に慎重な意見がある中で「長期的に見れば価値がある」とご賛同くださり、導入をあと押ししていただきました。このように、唐池さんの判断が事業の方向性を決めた場面は少なくありません。

2022年、ハウステンボスの「パーパス」策定では、唐池さんの助言が重要なポイントとなりました。最初は「あなたが本来のあなたらしい状態に戻る空間」としていた表現を、「『あなた』ではなく『わたし』の方が、顧客の視点をより強く意識できる」とのご指摘を受け、表現を変更したことは先述の通り。結果、パーパスの内容が社員一人ひとりにとっても、より身近で共感できるものになりました。

また、コロナ禍の中で感染者情報を公表するかどうかという難しい判断を迫られた際、唐池さん率いるJR九州の姿勢が大きな指針となりました。情報を伏せる会社が多い中、私は「正確な情報を公開し、お客さまや地域社会の信頼を得るべきだ」との思いで情報を公表しました。この方針を貫けた背景には、唐池さんから学んだ「誠実であることの重要性」がありました。

唐池恒二さんとのご縁は、私の経営人生においてかけがえのないものです。具体的な判断や助言を通じて、経営の本質を教えていただきました。その教えを胸に、これからも組織をより良い方向へ導いていきたいと思っています。

次兄が授けてくれたこと①〜「カテゴリートップ」の選択

就職活動を始めた頃、私の頭には明確な基準がありませんでした。大学を卒業したあとの道として、どのような会社が自分に合っているのかが漠然としていたのです。そんな私に影響を与えたのが、次兄からの助言でした。

大学時代、私は新潟県長岡市の複合型スーパー「長崎屋」の家電売り場でアルバイトをしていました。ソニーのテレビやステレオなどを販売する仕事です。私は店員たちと協力しながら売上を伸ばす工夫を重ね、歴代のアルバイトの中で他を圧倒する実績を上げることができました。その結果、アルバイト先の販売会社の社長から「うちに来てくれ」と直々に誘われたのです。豪華な料亭に招待されるなど、熱心な勧誘を受けましたが、私は「まだ自分の力を試せる場所がどこなのか考えたいんです」と丁重に断りました。すると社長は、「それならソニー本社を紹介してやる」と提案してくれたのです。しかし、大企業に行くことが果たして自分の力を発揮できる道なのかどうか、私の中には大きな葛藤がありました。

いくつかの入社試験を経て、お菓子のメーカーと大手スーパーの地域会社、そしてユニ・チャームの内定をもらっていました。その中でユニ・チャームに進む決断を次兄に伝えると、まず「お前、何でユニ・チャームがいいと決めたんや」と聞かれました。「会社のオーナーが企業説明会で3分遅れてきて、300人の3分、900分の人生の時間を無駄にさせて申し訳ないと謝りはった。この人すごいと思った」と言いました。すると次の言葉に大いに心を動かされました。

「大きくなくてもシェアトップの会社は強い。嗜好品のお菓子や、大型スーパーに比べて競争力がある。大企業の一社員になるよりも、成長中の企業で経験を積む方がぇえんとちゃうか」と励ましてくれたのです。

次兄自身も伊奈製陶（現在のＬＩＸＩＬグループの前身の一部）に就職する際、同じように考えたそうです。タイルでは業界トップだった伊奈製陶を選び、「カテゴリートップなら競争力がある」と判断したとのことでした。この経験を踏まえ、「どんな会社でもええけど、選ぶならシェアトップの会社がええと思うで」との言葉を私に贈りました。兄の言葉を聞き、安定を求めるのではなく、自分が活躍できる場所を選ぶ大切さを改めて実感したのです。

最終的に私はユニ・チャームを選びました。この選択は、結果的に大正解でした。入社後、私は多くの成長の機会に恵まれ、さまざまな経験を積むことができました。特に若い頃から直接オーナー経営者と接する好機もあり、経営の視点や事業の進め方を学べたのは、この選択があったからこそです。

「就職先を選ぶ基準は、未来を見据えたものにする」

この教訓は、のちのキャリアにおいても私を支える大きな指針となりました。

次兄や周囲の助言を仰ぎながら、じっくりと考えて決断したことで、私は自分の可能性を最大限に発揮できる環境を手にすることができたのです。

次兄が授けてくれたこと②〜「言いたいことは3年目から」

私はユニ・チャームに入社した際、次兄からある助言を受けました。
それは「どんな先輩でも、まずは言うことを聞け」というものでした。新人時代は知識も経験も先輩に劣るのだから、反発せずに学ぶ姿勢を持つべきだ、というのです。

次兄の教えは具体的で徹底していました。「1年目は、何があっても反発するな。夜遅くまで仕事をしていても、先輩に『もう終わりました』なんて言うな。必ず『次は何をしましょうか』と言え。気に入ってもらえ、何でも教えてもらえるようになれ。そして、先輩の言動に納得がいかないことがあれば、ひたすらメモを取れ」と言われました。

実際にその通りに行動すると、周囲の同期たちから「坂口は点取り虫だ」と冷やかされることもありました。しかし次兄は「そんな声は気にするな。2年目になれば自分の担当を任される。そのとき、改善したいことを存分にやればいい」と続けました。そして3年目からは「先輩に意見を言い、提案しろ」と言うのです。この3年間の計画的な成長方針は、私のその後の社会人生活において大きな影響を与えました。

1年目はとにかく先輩の言葉に従い、メモを取り続けました。当時のノートには「この先輩は同行販売のときにケース数ばかり気にしていて、新規アイテムを投入するという本当に重要なことがわかっていない」といった生意気な言葉も記されています。私はそのメモをもとに、2年目には自分の担当エリアで効率を見直し、販売方法を改良することに専念しました。そして3年目、いよいよ先輩たちに意見具申をする時期が訪れました。

あるとき、先輩に「お前、急に生意気になったな」と言われたことがありました。そのとき、私ははっきりとこう返しました。

「何でもかんでも先輩の言うことを聞くのは、素直ではなくただのばかです。本当の素直さは、自分が間違えていると感じたときに謝ることができることです」と。これに先輩は驚いたようでしたが、同時に私の言葉を真剣に聞いてくれました。

素直さとは、自分の非を素早く認め、謝れることだと私は考えています。この態度があるからこそ、人は他者から信頼を得られ、新しい挑戦を支えてくれる仲間を得ることができるのです。一方で、ただ言われた通りに従うだけでは、自分を成長させる機会を逃し、やがては他者からも軽視されてしまう。次兄の言葉は、この本質を見抜いていました。

次兄の教えに従い、3年目までの経験を積んだことで、私は自分の意見を伝える術《すべ》と、自分なりの仕事の改善案を形にする力を身につけることができました。初めから反発していては得られなかった成長の機会でした。

次兄は「どんな先輩でも、自分より知っていることは必ずある」と言いました。この言葉の真意は、自分の成長には他者からの学びが不可欠であり、その過程を経た上で初めて意見を述べるべきだということだったのでしょう。

現代では前述した通り、新人でも遠慮せずに、改善提案する方がよい、新人の新鮮な感性を大事にする時代になっていると思います。また納得できないことは、なぜなのかを質問しても、ちゃんと答えてくれる上司は増えていると思います。しかし、私が就職をした頃の時代は、「文句を言うな!」と一喝される時代でした。それに対し、即座の反発ではなく、まずは学びを得る姿勢を持ち、その上で自分の意見を構築する。このプロセスこそが、本当に納得できる仕事をするための土台になったと思います。

「5年連続3カ月病休」の私を執行役員にした創業者・高原慶一朗さん

就職活動中、ユニ・チャームの会社説明会で、創業者の高原慶一朗さんが登壇しました。予定時刻より3分遅れて到着した高原さんは、開口一番「大切な皆さんの時間を奪ってしまい申し訳ありません」と深々と頭を下げました。

これが高原さんという人に触れた最初の経験でした。

この誠実な態度と謙虚な姿勢に心を打たれ、「この人と一緒に働きたい」と思ったのです。当時のユニ・チャームはまだ二部上場の中堅企業でしたが、「ここでなら、自分の力を発揮できるかもしれない」と直感的に感じました。

31歳でB型肝炎を患い、5年連続で3カ月間の病休を取ることになったとき、私は自分のキャリアに終わりが来たのではないかと思いました。

体調が戻ればすぐに現場復帰したものの、会社への迷惑を思うと、心に引け目を感じていました。それでも、高原さんや周囲の上司は、そんな私を見捨てるどころか、さらなる成長を促してくれる存在でした。

自宅療養をしていたある日、高原さんから家に電話がありました。電話に出た妻が「どちら様でしょうか？」と尋ねると、「社長です」と高原さんは答えたそうです。私に代わろうとした妻を制して、高原さんはこう続けました。「いや、今日はあなたにお話ししたくて電話しました。坂口くんは本当によく頑張ってくれていました。疲れが出たのでしょう。今、彼を支えられるのは奥さん、あなたしかいません。焦らせず、病気を治すことを最優先にさせてください。ユニ・チャームは決して彼を見捨てません」

電話を切ったあと、涙を流していた妻から電話の内容を聞いた私は胸が熱くなり、「早く治して頑張ろう」と固く決意しました。

その5年後、私は同期とともに課長に昇格しました。しかし、その昇進には多くの遠巻きの声が伴いました。「5年間も毎年病気で休んでいるのに、なぜあいつが」といった不満も耳に入ってきました。それでも、上司や高原さんの言葉が私を支え続けました。

35歳のとき、常務から「課長になれ」と指示がありました。しかし、私は「何回も休んでいる自分がなっては、他の人たちに申し訳ない」と感じ、辞退を申し出ました。その申し出に対し、常務は怒りながらこう言いました。

「お前、何甘えてるんだ。5年連続で3カ月も休んで、どれだけ会社に迷惑をかけたかわかってるのか。お前の恩返しは係長では返せるレベルではない。課長になって早く恩返ししろ」

その言葉に私ははっとしました。「甘え」という言葉が心に刺さり、次の日には課長への昇進を受け入れました。

44歳で執行役員に就任したときのことです。高原さんとの執行役員面談で、高原さんは開口一番、こう言いました。

「さかぐっつぁん、あんたはサラリーマン根性やな」

その言葉に私は怒りがこみ上げ、「給料分しか働いていないとおっしゃりたいのですか？」と食い下がりました。そして財布から免許証を取り出し、「私の本籍地は会社の住所です。命をかけて仕事している人間に、そんなことを言うんですか？」と声を裏返しながら訴えました。普通であれば、そのような反論は上司の怒りを買うでしょう。

しかし、高原さんは穏やかにこう言ったのです。「いやいや、さかぐっつぁん。わしゃあんたのその発奮を期待して言ったんや」

その瞬間、私はその何とも奥の深い器量に圧倒されるやら恥ずかしいやら。何だかんだでおさまらない気持ちの面談後、社長秘書が私のところに来て、「坂口さんが出て行ったあと、高原社長は何ておっしゃったと思います？」と聞くので、「何回も休んだ人間を執行役員にしてやったのに、何て恩知らずなんだ！　とでもおっしゃったのか？」と言うと「いえ。『さかぐっつぁん、怖いのぉ』とおっしゃっておりました」と伝えてくれました。愛媛訛のその一言に、私への期待と信頼が込められているように感じられ、私は心からの笑顔を秘書の方に向けました。

振り返れば、高原さんは私のように「病気や困難を抱えた社員」に対しても、簡単に見捨てることはありませんでした。むしろ、ときには叱咤激励を与え、成長の機会を与え続ける姿勢がありました。それは「人を活かす」という経営の根幹を体現されていたのだと思います。

「人を活かす」とは、その人の短所や挫折ではなく、可能性と覚悟に目を向けることです。私が「5年連続、3カ月病気で休んだ社員」から執行役員になることができたのは、高原さん、そして高原さんに育てられた上司の皆さんたちの、そのような視点があったからに他なりません。

台湾赴任のチャンスをくれた高原豪久さん

そしてユニ・チャームの2代目社長、高原豪久さんは、生意気な6歳年上の私を企画本部長として、そばに呼んでくれました。2年後には、台湾赴任のチャンスも与えてくれました。台湾は豪久さんが最初に赴任した場所で、赤字を黒字化した思い入れのある現地法人でした。それが3年連続減収減益となっていて、とても心配をして

「誰に立て直しをしてもらおうか？」と相談を持ちかけられました。

私はいろいろ提案しましたが、全部ダメ出しを食らいます。「それならあとは自分しかいませんよ！」と言うと、「えっ、坂口さん行ってくれるの？」。

豪久さんの戦略に乗せられたのか、「一度は海外経験もしたかったし、行かせてください」と答えました。その夜はお寿司をご馳走になり、ご自宅にまで呼んでいただいて、ご自身が以前、共に台湾に赴任されていた奥様もご紹介いただきました。豪久さんには「坂口さん台湾に行ってくれるって」と大変喜んでいただきました。

台湾の幸せな6年間はそのように始まりました。前述の通り、赴任後10カ月は目標達成ができないままでした。それにもかかわらず、豪久さんは台湾に来られたときに幹部社員を集めて語りました。

「目標は達成していないが、坂口さんの改革を私は信じている。だから皆さんも心配せずに、彼を信じて一緒に改革をしてほしい」

信じて改革の成果が出るまでを待っていただいたことは、親子2代の器の大きさに感嘆するばかりです。43カ月連続達成するなど業績も良くなっていた頃には常務に昇進させていただきました。ＡＳＥＡＮ地域も仰せつかり、私の役目はますます拡大することに。5年目に入って、また企画本部長をやってほしいと要請を受けて戻ったときに取締役に就任させてもらいました。

2代にわたって、このような生意気な人間を重用していただき、幸せな人生の礎《いしずえ》を築かせていただいたことを心から感謝しております。それにもかかわらず自分のわがままでユニ・チャームを退任してしまうことに対しても、快く送り出していただきました。感謝するばかりです。

大阪で生まれたスペシャルな女

「私が決めることやろ？　親に相談する必要なんてないわ」

この言葉が、共に支え合った妻の覚悟を象徴しています。

ユニ・チャームの同期入社でもあった妻と婚約していた頃、私がB型肝炎のキャリアであることが判明しました。「キャリア」とは、ウイルスが肝臓の細胞の中にいるだけで、まだ発症していない状態のことです。

「大人になって免疫力が強くなると、肝臓の細胞の中にいるウイルスを攻撃しようと肝臓の細胞を壊してしまうため、慢性肝炎や肝硬変、さらには肝がんに進行するリスクがある」

そのように医師から説明を受け、さらに彼女への感染リスクもゼロではないとの話がありました。この現実を前にして、私は「本当に結婚していいのだろうか」と悩みました。

ある日、意を決して「先生に直接説明を聞いてくれるか」と彼女に頼みました。彼女は真剣な表情で診察室に入り、しばらくして戻ってきました。「どうだった？」と尋ねると、私が医師から聞いた内容と全く違わぬものでした。

私は改めて「こんな状況で本当に結婚して大丈夫かな」と問い、「一度、大阪に戻ってお父さんとお母さんに相談した方がいいんじゃないか」と続けました。

その瞬間、彼女の表情が変わりました。「何で親に相談せなあかんの？」と静かに切り返され、少し面食らいました。「いや、これから一緒に生きていく上で、健康のこともあるし……」と口ごもる私に、彼女は言葉を継ぎました。

「あなたは親に相談して結婚を決めたの？　自分で決めたでしょう。私も自分で決めるから」

その覚悟ある言葉に私は圧倒されました。

妻とはこんなこともありました。２０１４年10月にユニ・チャームをやめることを妻に告げ、11月に入って、エイチ・アイ・エスに行くことが決まったらすぐに「それで報酬、どれくらい下がるん？」と核心を突く質問を投げてきました。もちろん、増えることはありません。

私の家庭はお小遣い制のため、妻に「これからの小遣い、どうしてほしい？」と聞かれ、私は「36年間お小遣い制やったけど、これからお前に生活費を渡すようにする」と言いました。すると妻は「いや、そんなのいらん」と断り、間をおかずに「お小遣い25％アップでいい？」と提案してきたのです。

「なんで上がるんや！」と思わず驚く私に、妻は「エイチ・アイ・エスに行ったらそっちの人とも食事行くやろ。それにユニ・チャームの人とも付き合いは続くやん。本当は倍にしたいところやけど、年俸が下がるんやから、それで我慢して」と言い切りました。あまりの迫力と合理的な提案に、私は思わず「わかった」と答えてしまいました。

こうしてユニ・チャームを退職し、エイチ・アイ・エスでの新たな挑戦が始まりました。入社直後の苦労はありましたが、元気にしている自分を見て、妻が少し安堵しているのを感じました。

「支える側は強い覚悟を持っている」

私を支える妻の言葉と行動が教えてくれたのは、その揺るがない信念です。そしてそれは、仕事でも家庭でも、どんな苦境にも負けない私自身の力となっているのです。

母の教え①～芋泥棒をしつこく叱った理由

私は富山県高岡市の田舎町で育ちました。当時の我が家は貧しく、毎日の生活に余裕はありませんでした。そのため、子どもながらに「ほしいものは簡単には手に入らない」現実を肌で感じながら過ごしていました。

小学3年生の頃のこと。近所の田んぼでは、収穫を終えたあとの籾殻《もみがら》を燃やす光景が日常的に見られました。その火を利用して焼き芋を作るのも一つの楽しみで、ある日、近所のおじさんが「お前らも芋を持ってきたら焼いてやるぞ」と声をかけてくれました。一瞬胸が躍ったものの、すぐに「うちには芋なんてない」と諦めかけました。しかしそのとき、学校で理科の授業の一環として植えたサツマイモを思い出したのです。

畑には生徒たちが植えた苗があり、それぞれの名札がつけられていました。「自分の名前がついているのだから、自分のものだ」と思い込み、私は学校へ向かい、名札のついた自分の芋を掘り出して持ち帰りました。そして、おじさんに渡すと「おう、よく持ってきたな」と焼いてくれました。

夕方、母が迎えに来ました。「今、おじさんが芋を焼いてくれているんだ」と説明すると、母は最初「おじさん、ありがとうね」とにこやかにお礼を言いました。しかし、おじさんが「いやいや、こいつが持ってきた芋を焼いてやってるだけだよ」と返

母が見せた誠実さと責任感のおかげで、今の自分がある

すと、母の顔が一気に険しくなりました。

「お前、どこからその芋を持ってきた？」と詰問されました。「学校から取ってきた」と答えると、母は「それは泥棒や」と言い放ちました。私は「自分の名前がついていたから自分のものだ」と主張しましたが、母は「名札はお前が世話をする担当者だと示しているだけで、お前のものだという意味じゃない」と断言しました。そして、「先生に何も言わずに持ってきたのなら、それは泥棒だ」ときっぱり言い切ったのです。

母はそのまま私を学校へ連れて行きました。先生の前で「この子が学校の芋を盗みました」と深々と頭を下げた母を見ながら、私は恥ずかしさと不満でいっぱいでした。「なんてひどい親だ」と思いましたが、大人になってからこの行動がどれほどの愛情と信念に基づいたものかを理解しました。

母は世間体を気にすることよりも、私自身の将来を案じていたのです。悪事を隠して過ごすことは簡単です。しかし、それを正し、自分の子どもに善悪の基準を教えることの方がはるかに重要であり難しいことだ、と母は知っていました。親の恥をさらしてでも、我が子を正しい方向へ導くその覚悟が、この行動に込められていたのだと今では強く感じます。

誠実さとは目先の得や損を超えた価値を生み出すものです。子どもの頃に学んだこの教訓は、私の生き方や考え方の基本となりました。母が見せた誠実さと責任感は、私がどのような状況においても真摯に物事に向き合う力を与えてくれたのです。

母の教え②～「立候補せい」と背中を強く押した理由

小学6年生の時、担任の先生から児童会長へ立候補しないかと打診されたことがありました。しかし私は、「面倒くさい」という理由で即座に断りました。担任は諦めず、母に電話で「ぜひ息子さんを説得してください」と依頼しました。それを受けた母は、私が帰宅するや否や「お前、何で立候補を断ったんや！」と厳しく詰問してきました。

「そんな面倒なことをやりたくない」と反論すると、母は大いに怒りながらも説得を始めます。

「人から頼まれるということは、それだけ期待されている証拠や」

母は高等小学校の出ですが、ＰＴＡの婦人会長や町内会の役員を引き受け、多くの人から信頼されていました。

「自分が自分が、と名乗り出る人が多い中で、人から声をかけてもらうのは名誉なこと。期待に応えなければ、次に声をかけてもらえん」

そうとも諭されました。

私は仕方なく立候補しましたが、結果は落選。

恥ずかしいやら、子ども心に「何でこんなことをさせられるんだ」と悔しい思いもしました。しかし、今思えばこの経験が私の価値観に与えた影響は計り知れません。

母が繰り返し伝えた「頼まれたからには一生懸命やりなさい」という言葉は、私の人生の指針となりました。第二章で触れたように、ユニ・チャーム時代、営業職で文店企画に文句を言った際、「そんなに文句があるならお前がやれ」と本社企画の仕事を任されました。同じようにマーケティングに対しても文句を言えば「お前がやれ」と。最初は不満ながらも、それらの役割を真剣に果たしていく中で、大きな成長を遂げることができました。

母の言葉の背景には、人に頼られることの重みと、それに応えることで得られる信頼の重要性がありました。これはビジネスでも同じです。他者からの期待に誠実に応え、その結果を出すことで、新たな機会や評価が生まれるものだと強く思います。

このエピソードを振り返るたびに、母の背中を押す力強さに感謝せずにはいられません。そしてその教えは、私自身がリーダーとしての責務を全《まっと》うする原動力となっています。

母の教え③〜最期の言葉

２０１２年12月、母が亡くなりました。私は当時、台湾から帰国して半年後くらいから、母の病状が悪化したとの知らせを受けて毎月1回は帰省していました。そして12月に入りそれまで母は何度も体調を崩しており、そのたびに回復していたため、「今回もまた大丈夫だろう」と思っていたのです。しかし、家族や医師から「今度ばかりは危ない」と言われ、心の準備をするよう促されました。

母の最期の日々、私は可能な限り病室を訪れました。母は病床でも不思議と元気そうで、私が来ると少し微笑み、いつものように会話をしていました。

亡くなる3日前、家族が一時病室を離れた際に母はふと私を呼び寄せ、静かにこう語り始めました。

「克彦な、あんたは3人兄弟の中で一番出世したよ。でも、それはあんたが偉いからやない。上の2人の兄がおったからや」

母は私を見つめながら、一つ一つの言葉を丁寧に紡ぎました。

「1番上の兄は、家が貧乏だったから高卒ですぐに働きに出て、あんたの学費を出してくれた。それがなかったら、あんたも大学に行けけんかったんや。2番目の兄は、うちは家庭教師なんかつけられなかったけど、大学生だった時分に家庭教師代わりにあんたの勉強を見てくれた。あんたが今ここにあるのは、その2人の兄のおかげやぞ」

さらに母は続けました。

「克彦、ユニ・チャームで常務さんになったのも、あんたが優秀やったからやと思ったらアカンぞ。たくさんの人に支えられたから、今のあんたがあると思いなさい。世の中は助け合いじゃなくて、助かり合いや。助け合いは、誰かが助けてあげるというおこがましさがある。でも助かり合いには、助けてもらうという謙虚な気持ちがある。だから、あんたは人々に支えてもらったことを感謝して生きていきなさい」

その翌日、母はもう会話ができない状態になりました。その後、兄たちと交代で看病する中、私が見守っていた翌朝6時17分、母は静かに息を引き取りました。

この言葉は、経営者として私が常に心に刻むべき教えとなりました。私たちはしばしば自分の成果や結果を自分だけの力と勘違いしがちです。しかし、母が言ったように、私たちは周囲の支えがあってこそ、今の自分があるのです。この「助かり合い」の心が、私がどんなに大きな成果を出そうとも、驕ることなく謙虚でいるための指針となっています。

この母の言葉を思い出すたび、私は常に松下幸之助さんが平田雅彦さんに遺した問いかけを重ねてしまいます。不遜を承知で申し上げれば、母の教えと松下さんの最期の問いは、根本において共通するものがあると感じるのです。松下記念病院での最期の決算報告の際、松下さんが平田さんに静かに投げかけた「松下の社員は幸せなのか？」という一言。この問いには、経営者としてのあり方を超え、人としての本質を問う奥深い意味が込められていました。

母の「助かり合い」と松下さんの「社員の幸せ」。この二つを同列に語るのは憚られることかもしれませんが、どちらも「人と人とのつながり」と「感謝の重要性」を教えてくれます。

母の言葉、松下さんの問いかけ。

これらは異なる場面で発せられたものでありながら、私にとってはどちらも人生の羅針盤となっています。

そしてその教えが、私の経営哲学の根底に確かに流れ続けているのです。

おわりに

「納得できない仕事はするな！」

表紙タイトルから偉そうに言っていますが、これはたくさんの方々に教えてもらい、支えてもらって、幸せな自分がいるからこそ、自分と同じように幸せな人が増えてほしいという願いから発する言葉です。

親の言うことも、先生の言うことも、上司の言うことも聞かない、そんな生意気な人間が、それぞれの場面で器の大きな素晴らしい人たちに出会ったからこそ、生意気な人間を重用していただいたと思っています。

一番の転機はと問われれば、やはり31歳でB型肝炎を発症したことだと思います。それまでは、人に感謝する人間ではなく、「俺が俺が」の人間でした。人より自分の優れた部分を探すという、いやなやつでした。

すべてが上から目線で、部下に対しても、超パワハラ人間で、何でできないんだ、何で気づかないんだ、真剣にやっているのか、と責めてばかりいました。

しかしその渦中で、本文でも紹介したように、妻の大変さを理解し、人に感謝することを覚え、部下にも、周りの人にも、感謝できる人間になることができました。もしも、病気になっていなかったなら……、きっと離婚していたことでしょう。そして一人で仕事ができたとしても、人を通じての仕事はできなかったことでしょう。そんないやなやつは、いくら器が大きい人でも重職を任せてはくださらなかったと思います。

師匠と呼ぶ唐池恒二さんは、日経新聞の『私の履歴書』に、「逆境と夢は人と組織を強くし、新しい力を生み出す」と書かれました。自分にとっての逆境は、病気でした。そして夢を与えてくださったのが、恩師平田雅彦さんでした。

文中で、たくさんの方々から指導をいただいたことを書かせていただきましたが、ここには、登場いただいていないたくさんの方々からのご縁もいただき、今の自分があることを「おわりに」として書いている今、走馬灯のように思い出され、何度も何度も目頭が熱くなりました。そして、幸せな自分にしていただいたことを心から感謝しています。

幸せな人生を歩むことができた自分は、ご指導いただいた原理原則を世の中にもっと広めていくことが、これまでにいただいたご恩にたいするお返しだと考えています。そのためにこの本を執筆しようと決意しました。

しがらみ、わだかまり、ストレスの多い世の中ですが、一人でも多くの人が、それは何のためか？　を考え、一度しかない人生を豊かなものにしていただきたいと心から願っています。

一．納得して仕事をする
二．家族や友人に誇れる仕事をする
三．決して諦めない

この3つの私自身の教訓を皆さまに託し、筆を擱きたいと思います。

2025年2月

坂口克彦

編集協力　ひとりパブリッシング
装丁・画　ひでみ企画

〈著者略歴〉
坂口克彦（さかぐち・かつひこ）
1955年、富山県高岡市出身。'79年、新潟大学工学部卒業後、ユニ・チャーム株式会社に入社。営業や人事部門、海外子会社の責任者を経験後、取締役常務執行役員、企画本部長兼グローバル人事総務本部長を歴任。2014年、株式会社エイチ・アイ・エスに移籍し、取締役常務執行役員CSR担当、本社人事本部長等を務める。'19年、澤田秀雄氏のあとを受け、ハウステンボス株式会社代表取締役に就任。顧客志向で社員のモチベーションを大切にする経営を目指し改革に取り組む。'24年5月、長崎県公立大学法人理事長に就任。'24年9月にハウステンボス株式会社を退任。

納得できない仕事はするな！
ユニ・チャーム、ＨＩＳ、ハウステンボスで学んだ経営の原理原則

2025年４月８日　第１版第１刷発行

著　　者　坂口克彦
発 行 者　村上雅基
発 行 所　株式会社ＰＨＰ研究所
京都本部　〒601-8411　京都市南区西九条北ノ内町11
教育企画部　☎075-681-5040（編集）
東京本部　〒135-8137　江東区豊洲5-6-52
普及部　☎03-3520-9630（販売）
PHP INTERFACE　https://www.php.co.jp/
組　　版　朝日メディアインターナショナル株式会社
印 刷 所
製 本 所　TOPPANクロレ株式会社

ISBN978-4-569-85893-7